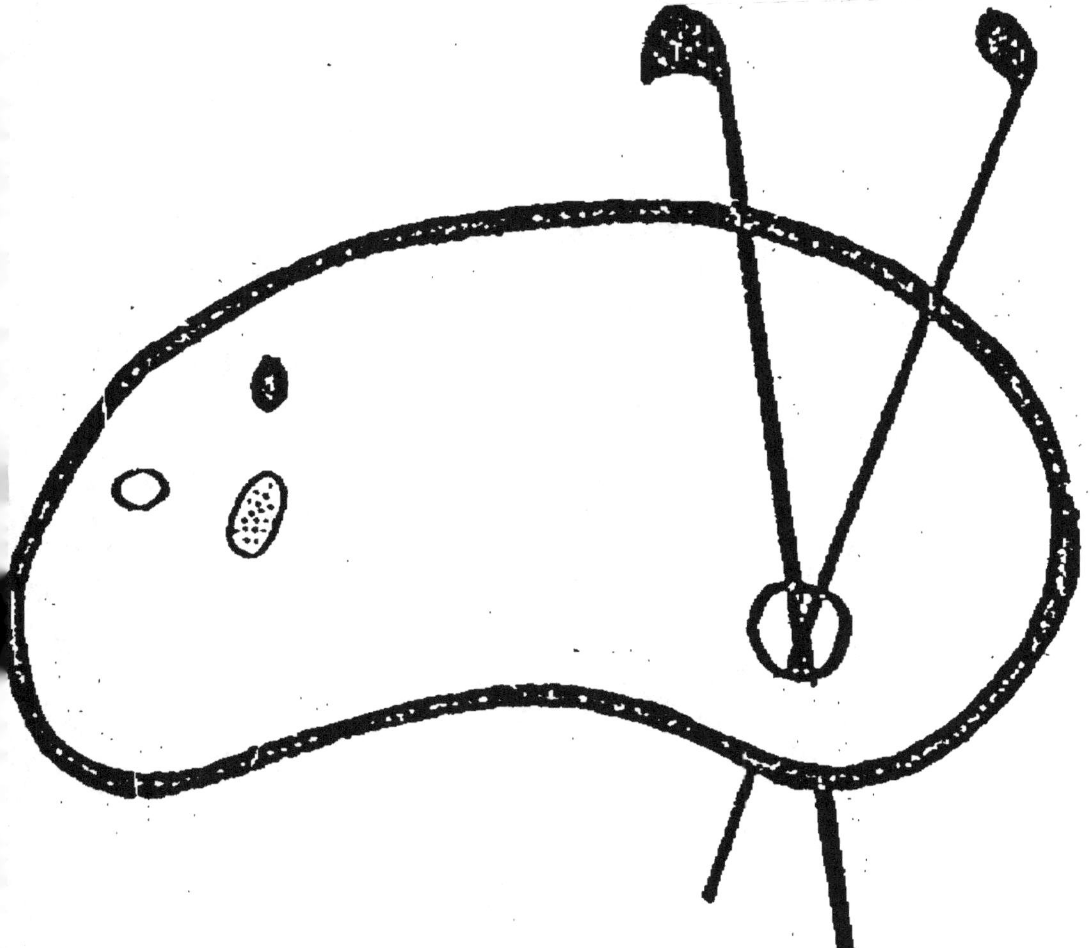

COUVERTURE SUPERIEURE ET INFERIEURE
EN COULEUR

O³i
248

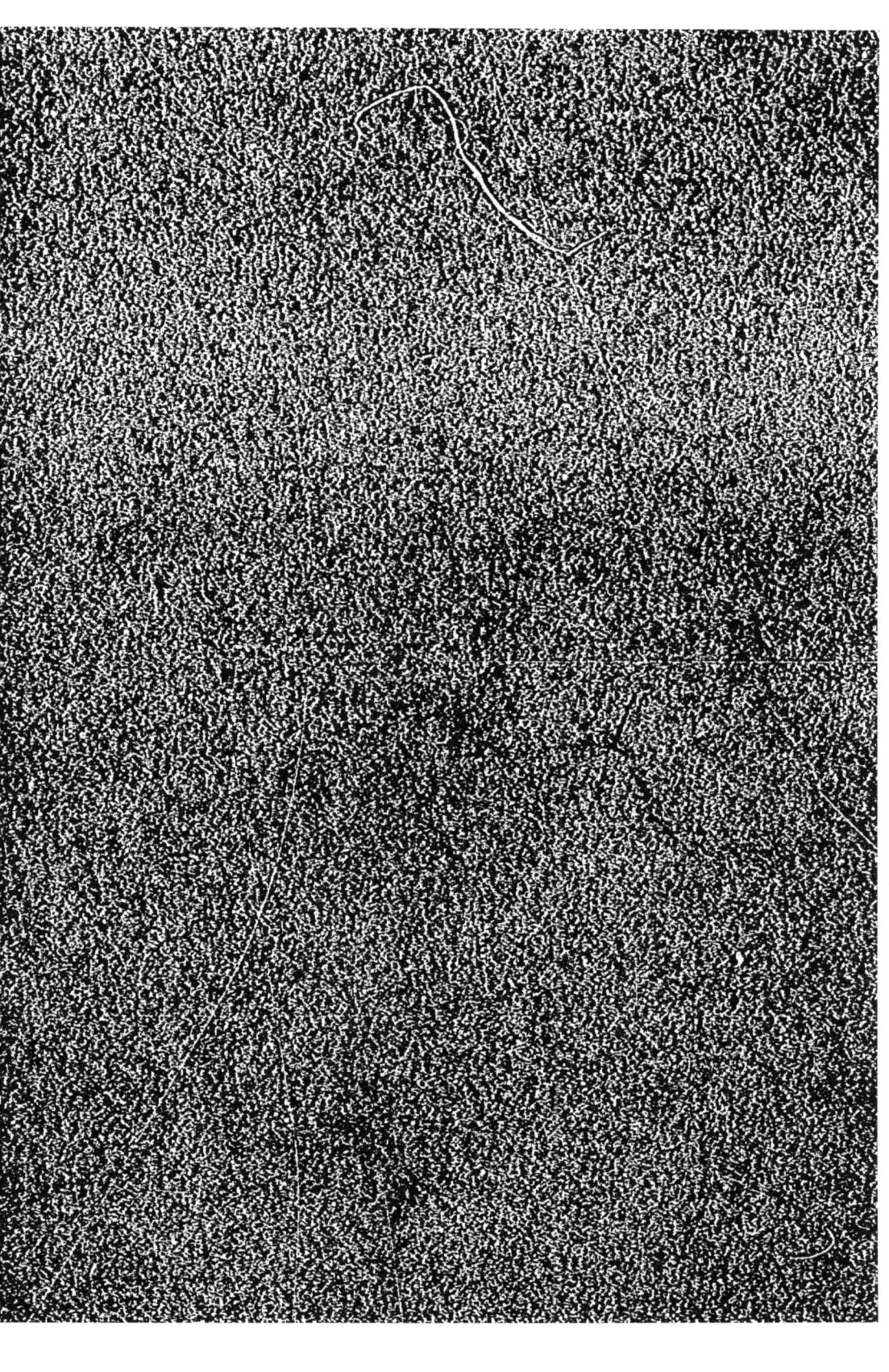

TUNIS

ET

LA TUNISIE

Neuvième série. — Forma

POITIERS. — TYPOGRAPHIE OUDIN.

TUNIS
ET
LA TUNISIE

PAR

Charles SIMOND

PARIS

H. LECÈNE ET H. OUDIN, ÉDITEURS

17, RUE BONAPARTE, 17

1887

Tunis. — Vue des terrasses.

PRÉFACE

L'auteur de cette monographie s'est trouvé d'avance et nécessairement limité par les dimensions très restreintes de son cadre. Dans ces conditions, il ne pouvait traiter son sujet pour ainsi dire que sous la forme d'une vue à vol d'oiseau. Cependant il s'est efforcé de n'y rien omettre de ce qu'il importe de savoir pour connaître d'une manière précise, quoique sommaire, ce petit État africain, devenu si intéressant pour nous, maintenant que la France y exerce son protectorat et est appelée, en y poursuivant une action saine et forte, à y étendre son œuvre civilisatrice. Destiné spécialement à la jeunesse, cet ouvrage, tout en n'oubliant aucun des faits de date récente et en résumant principalement ceux qui se rattachent à l'expédition française de 1881, n'avait pas à s'occuper des discussions politiques auxquelles ces événements ont donné lieu chez nous et ailleurs. Il ne pouvait être qu'un tableau succinct de la géographie physique, historique et économique de la Tunisie, offrant un ensemble concis mais complet d'éléments exacts puisés aux meilleures sources, éclairés par des gravures choisies avec soin et accompagnés de renseignements bibliographiques de nature à seconder une étude plus approfondie. C'est ce programme que nous nous sommes attaché à suivre

Paris, mars 1886.

CHARLES SIMOND.

TUNIS ET LA TUNISIE

I

LA TUNISIE. — SITUATION. — LIMITES. — LITTORAL.

Sur la côte septentrionale de l'Afrique, appelée par les Arabes *el-Maghreb*, s'étend, entre l'Algérie et la Tripolitaine, un petit territoire dont la superficie, un peu plus grande que celle de l'Irlande, équivaut approximativement au tiers de nos possessions algériennes. Situé à égale distance du détroit de Gibraltar et de Suez, il est enveloppé au nord et à l'est par la Méditerranée, qui y découpe de profondes endentations. A l'ouest, un simple tracé de limites conventionnelles le sépare de l'Algérie, dont il est le prolongement et le complément naturels. Au sud-ouest, il pénètre comme un coin dans le désert. Au sud, une courbe fictive peu prononcée le fait confiner avec la régence de Tripoli, qui lui appartenait jadis.

Ce pays, auquel la magnificence de la nature et la grandeur des souvenirs historiques concourent à donner un rang important et sous certains rapports unique, est la Tunisie. Il occupe (du 32° 23' au 28° 20' de latitude nord et du 5° 40' au 9° 12' de longitude est) une situation géographique admirable, plus heureuse que celle de l'Algérie et plus favorable que celle des autres parties du continent d'Afrique. Placé à l'angle nord-est de l'immense quadrilatère formant la terre de l'Atlas, il surveille le passage qui met en communication les deux grands bassins de la Méditerranée, et il s'avance vers cette nappe

Oasis.

d'eau presque fermée qu'entourent l'Italie, la Sicile, la Sardaigne et la Corse. Grâce au déploiement de sa côte dans la direction du sud, aucune de ses parties n'est éloignée de la mer; ses oasis viennent d'elles-mêmes effleurer ses rivages et fournissent ainsi une route facile aux caravanes qui se dirigent vers l'intérieur des terres (1).

Sa frontière terrestre, vague et artificielle, est indiquée par une ligne brisée figurant imparfaitement les côtés d'un angle aigu. Elle commence au cap Roux, passe par les djebels ou hauteurs de Ghorra, Dyr, Amra, s'enfonce à l'ouest dans la vallée de Bou-Hadjar, reprend alors sa direction méridionale, et entre dans le Sahara à l'est de l'oasis de Négrin. Elle coupe ensuite ou longe des bassins fermés ou chotts (el-Rharsa, el-Djerid), se dirige vers le sud-est jusqu'à treize kilomètres à l'extrémité du massif de Nefzaoua, s'infléchit vers la Tripolitaine, franchit les monts Douïrat, traverse les plaines d'el-Djefara et remonte vers le nord-est jusqu'à la Méditerranée qu'elle atteint au golfe et au bordj ou fortin d'el-Biban.

Son littoral se projette dans la direction de l'Europe, comme pour prendre sa part du commerce immense qui anime la grande mer italienne. Il va du cap Roux au bordj d'el-Biban. Le cap Bon (ras Addâr) marque la ligne de faîte entre le *versant occidental* et le *versant oriental* de la Méditerranée.

La côte nord-ouest rappelle celles du Maroc et de l'Algérie. C'est une ligne de falaises et de pentes abruptes, généralement élevées jusqu'à la baie de Tabarca, où se trouve l'île de ce nom, qui offre un beau panorama. Tabarca mesure 600 mètres du nord au sud. C'est moins une île qu'un îlot rocheux et dénudé, peu accessible, surtout par les vents du nord-ouest, et ne servant guère que de rendez-vous aux pêcheurs de corail, dont l'industrie est très active. En face de Tabarca est le fortin Djedia, d'où l'on se dirige vers le cap Blanc, en contournant le cap Serrat (*Apollinis*

---

(1) El. Reclus. (N. B. Nous ne donnons en note que les noms des auteurs. Les titres des ouvrages sont indiqués dans la *Bibliographie* à la fin du volume.)

templum) et le ras Allugléa, près duquel sont situées les îles Fratelli, récifs très dangereux.

Le cap Blanc (ras el-Abiad) est le point le plus septentrional de l'Afrique. Il forme une des pointes extrêmes de la baie de Bizerte, au fond de laquelle est située la ville de même nom. Au sud de cette baie, en face de l'îlot des Chiens, surmonté par un phare, s'étend le Tindja, vaste lac d'eau douce, dont l'entrée est ensablée et au milieu duquel se dresse un rocher (Djebel-Djkhul) de plus de 2,000 pieds de haut (1).

La côte s'infléchit ensuite légèrement vers le sud, jusqu'au ras Sidi-Ali-el-Mekki (cap Farina), qui forme avec le cap Bon l'ouverture du golfe de Tunis. Allongés vers Rome, l'antique rivale de Carthage, ces deux promontoires ressemblent au bec vorace d'un vautour.

La partie septentrionale du golfe où se déverse le lac de Porto-Farina, qui reçoit la Medjerda, ne ressemble pas à ce qu'elle était à l'époque romaine. Les déplacements successifs du lit de l'oued (rivière) et les alluvions constamment entraînées par ses eaux ont sensiblement modifié le littoral, du moins jusqu'à Kamart et au cap Carthage. La côte, restée toujours basse jusque-là, se relève et offre des escarpements nombreux. Dans sa partie inférieure, le golfe forme le lac Boghaz ou lagune el-Bahira, dont l'entrée est occupée par le port de Tunis.

Ce site est d'une beauté incomparable, et il n'y a peut-être pas dans le monde entier un paysage maritime d'un aspect plus grandiose.

« Lorsque, par une mer tranquille et sous un ciel pur, le navire qui a suivi la côte est arrivé à la hauteur du ras Sidi-Ali-el-Mekki, un merveilleux spectacle se découvre. A gauche, vers le nord, s'arrondit comme un dos liquide, scintillant sous les feux du soleil, la mer sans limites; devant la proue du navire, dans le lointain, deux grandes îles rocheuses, les anciennes OEginures (el-Djamour) paraissent être les gardiennes avancées du golfe souvent

(1) De Hesse Wartegg.

menacé du côté de la Sicile; à quelques encâblures du vaisseau, à l'extrémité opposée, vers la côte occidentale, l'île Plane, l'antique Korsura, leur répond. Près de soixante-dix kilomètres séparent les deux pointes extrêmes du golfe, lieux fameux consacrés par le souvenir des dieux et mis par les anciens, le premier, sous la garde d'Apollon, le second, sous celle de Mercure; cette distance entre les deux bras du golfe, l'arc immense de sa courbure, sa profondeur semblent être exactement ce que le regard humain, dans sa portée extrême, peut embrasser. Plus ouvert, l'œil n'en saisirait plus les lignes, il n'en mesurerait plus l'enfoncement. Le spectacle est splendide; mais il reste dans les limites où la petitesse humaine peut encore le comprendre et en jouir.

« Les hauteurs qui forment la corne orientale, le Djebel-Hamil, le Bou-Kournein apparaissent d'abord dans le lointain comme de grandes îles rocheuses jetées en regard de la côte; peu à peu on voit émerger de l'horizon des terres qui les soutiennent ou les relient; le profil du littoral se dessine; le massif puissant du Zaghouan ferme le paysage vers le sud; l'œil suit les jeux de la lumière sur les flancs du mont et contemple les arêtes vives de son sommet découpé en forme de croissant (1). »

Au fond de la lagune, s'élève tout à l'arrière-plan, sur une sombre hauteur, comme une aire d'oiseau de proie, l'ancien repaire des écumeurs de mer, la plus blanche des villes du continent noir, celle que les Arabes appellent le « Burnous du Prophète », et à laquelle nous donnons le nom de Tunis. A ses pieds, sur un banc de sable, qui sépare la baie du golfe, s'accroupit, pour ainsi dire dans l'attitude et la nonchalance orientales, le port de la Goulette, *la Goletta*, comme disent les Italiens, traduisant dans leur langue, toujours poétique, par une expression féminine et coquette le terme arabe plus brutal, mais plus exact, Halk-el-Oued (le gosier du canal).

Autour du lac règne une ceinture de palais et de villas,

---

(1) J. de Crozals (*Revue bleue*).

environnés de jardins, de bouquets d'oliviers, semblables par la blancheur de leurs façades, s'irisant sous les chauds rayons du soleil, à un grand vol de colombes qui se baignent dans une eau à peine profonde d'un mètre, où se balance le profil réfléchi des gigantesques dattiers (1).

Deux tumulus figurent au milieu de ce paysage, dont leur nudité rehausse encore la grandeur et l'éclat. Tous deux rappellent des souvenirs héroïques et de glorieuses infortunes : l'un est le tombeau de saint Louis, l'autre celui de Carthage.

Au delà de la Goulette, vers l'embouchure de l'Oued-Miliana, la cité est formée de dunes basses ; on y rencontre, au sud-est de Tunis, le village d'Hamman-Lif, sur une belle plage de sable fin, que le chemin de fer met à une demi-heure de la capitale tunisienne.

De Tunis le rivage s'avance au nord et forme une presqu'île. Cette côte ou Sahel est fertile, riche et peuplée. Dès l'époque romaine elle était célèbre par la culture de l'olivier, qui y est restée florissante jusqu'à ce jour, malgré tous les changements politiques subis par ce pays. De nombreuses ruines romaines de cités, ponts et camps, attestent l'antique prospérité de cette région. C'est ici qu'étaient les villes de Néapolis, Horrea Cœlia, Hadrumetum, et surtout Thysdrus (el-Djem), dont on voit encore l'amphithéâtre colossal.

Le Sahel s'infléchit vers le sud-ouest jusqu'au fond du golfe de Hammamet, où est située la ville de ce nom. La mer vient baigner ses murs du côté de l'est. Vers le nord et le nord-ouest, s'étendent de vastes cimetières ombragés par de vieux arbres, que le sable envahit chaque jour davantage. L'enceinte fortifiée est flanquée de distance en distance par des tours carrées à demi engagées dans la muraille, dont la blancheur contraste avec l'azur sombre des flots (2).

Au nord-est d'Hammaret est située Nebeul, ville très

---

(1) De Hesse Wartegg.
(2) Cagnat et Saladin.

riche, centre de la fabrication des poteries, des étoffes et de l'huile. Les environs produisent en abondance la figue et l'olive ; à quelque distance de la mer, sur le golfe d'Hammamet, se trouve, sur un petit promontoire, Hergla (Horrea Cœlia), entourée de tous côtés par de fort beaux jardins. A l'est, elle est baignée par la mer, et lorsqu'on arrive par le nord, on n'aperçoit d'abord qu'un grand point blanc, qui brille entre deux bandes, l'une verte, l'autre bleue. De près, comme pour la plupart des villes tunisiennes, sans en excepter Tunis même, l'enchantement disparaît ; on n'a devant soi que des maisons ruinées ou mal bâties, des rues pleines de poussière par un temps sec et que les pluies convertissent en bourbiers. Les jardins seuls conservent un véritable charme (1).

Sur le même golfe on remarque Sousse (2), la capitale du Sahel. Le golfe de Hammamet commence au ras Marmoura et finit au ras Monastir. Ce dernier forme l'entrée d'une baie renommée pour ses pêcheries de thon. La ville est bâtie sur un isthme et offre, grâce aux îles Kouriat, situées à l'entrée de la baie, un abri plus sûr qu'aucun autre port tunisien. Vue de la mer, Monastir, avec ses hautes murailles et ses belles portes, présente un aspect imposant ; mais l'intérieur de la ville ne répond en rien à ces dehors. Le bazar est insignifiant ; les rues, presque toutes voûtées, sont sales. Monastir n'a du reste pas plus de 1,300 habitants. Sa seule industrie est la fabrication de l'huile, qui est tout entière aux mains des Italiens et des Maltais ; l'élément français y manque presque totalement (3).

En suivant la côte, on trouve les ruines de Lemta (*Leptis parva*), qui couvrent une étendue de 4 kilomètres carrés, et le ras Dimas, où sont les ruines de l'ancienne Thapsus, mémorable par la victoire de César sur Metellus Scipion. A partir du ras Dimas, la côte s'étend vers le sud et forme une très longue plage de sable jusqu'au cap Mahédia (cap Africa), promon-

(1) Cagnat et Saladin.
(2) Voir plus loin.
(3) De Hesse Wartegg.

toire étroit dominé par la ville de ce nom. Mahédia ou Méhédia est importante par ses souvenirs historiques. C'est là que débarqua César lors de son expédition contre Pompée. C'est là aussi qu'était vraisemblablement, au moyen âge, le port principal de Kairouan. El-Bekri, le grand historien arabe de Cordoue, cite ses splendides palais et ses mosquées. De ce passé, il n'existe guère que des vestiges aujourd'hui. La ville, qui a environ trois kilomètres de tour, tend complètement à se moderniser. On y cultive du tabac. La vigne y vient très bien et, plantée en grand, donnerait un rendement considérable. On y voit de nombreux arbres fruitiers, des orangers, des citronniers, des grenadiers, des abricotiers. La population, ignorante du rôle de ses ancêtres dans l'histoire, ne s'occupe plus que d'exploiter la richesse du sol 1).

De Méhédia, on se dirige vers le ras Salackta, non loin duquel est bâtie la ville de Ksour-es-Sef, puis au roc Capoudiah (*Caput Vada*), où commencent les vastes bancs de sable qui entourent les îles Kerkenna et se prolongent jusqu'à Sidi-Mansour, à l'entrée de la baie de Sfax (2).

Pareille à des croiseurs observant l'accès des parages, les îles Kerkenna (Chargui et Gharbi *Cercinna*) marquent l'extrémité septentrionale de la Petite-Syrte (*Syrtis minor*), ou golfe de Gabès, sur lequel est située la ville de ce nom (3). C'est à Cercinna que se réfugia d'abord Hannibal, que Marius trouva pendant quelque temps asile, que Sempronius Gracchus fut mis à mort. Les deux îles sont séparées par un petit bras de mer d'environ 800 mètres, et couvertes de plantations fertiles.

Entré Sfax et Gabès, la côte continue à être basse; on remarque le ras Unghah, où des bancs de sable entourent un groupe d'îlots. On aperçoit ensuite les petites îles Surkenis et l'on arrive à Gabès (Tacapa), qui se compose de deux villes séparées par un cours d'eau.

(1) De Hesse Wartegg.
(2) Voir plus loin.
(3) Voir plus loin.

Entrée d'une mosquée.

A 47 kilomètres au sud-est de Gabès, la côte se relève jusqu'au roc Zurshaf. Au delà se trouve l'île de Djerba (Meninx), l'ancienne île des Lotophages, située à l'extrémité de Gabès et séparée du continent par un canal très étroit à l'ouest et à l'est, là où les deux pointes méridionales de l'île correspondent à celle que projette la terre ferme (1).

L'île de Djerba est extrêmement basse. Vue du large, elle apparaît comme une oasis de palmiers émergeant du sein des eaux. La partie centrale offre seule un plateau de quelques mètres d'élévation, le sol est sablonneux et sec. Aucune rivière, aucun ruisseau ne l'arrose, et les indigènes ne se procurent l'eau nécessaire à la culture qu'au moyen de puits. Djerba n'en est pas moins, grâce à l'industrie et au travail de ses habitants, la terre la plus fertile de toute la régence de Tunis. Les oliviers y atteignent des dimensions inconnues dans le Sahel. L'île tout entière n'est qu'une vaste forêt de dattiers; la vigne, le pêcher, l'amandier, le figuier, le caroubier, l'oranger, le citronnier y abondent (2).

Cependant l'importance de Djerba est diminuée par les difficultés du débarquement. Pour l'atteindre ou pour en revenir, on court risque de tirer des bordées pendant plusieurs heures, et ces obstacles arrêtent le développement de son commerce. L'île est occupée maintenant par une garnison française de trois cents hommes (3). La population s'élève en moyenne à 35,000 âmes. Les habitants, presque tous Berbères, fabriquent des haïcks, des couvertures, des tapis très estimés qu'on trouve dans les bazars de Tunis. C'est de là aussi que viennent ces grands vases de terre dont la forme reproduit fidèlement celle de l'amphore antique. Le centre particulier de cette industrie se trouve à Keleba, bourg situé dans l'île près du bordj d'el-Kantara.

Cette dernière localité (Henchir-el-Kantara) est d'une

---

(1) M. Bois.
(2) Tissot.
(3) Journault.

importance spéciale au point de vue archéologique Elle offre un champ de ruines, long de trois kilomètres. Des fouilles récentes y ont fait découvrir des marbres de grand prix. On y a recueilli des fûts de colonne en *rosso* et en *verde antico* ayant près d'un mètre de diamètre sur cinq à six mètres de longueur, ainsi qu'une quinzaine de statues en marbre de couleur, toutes de grandeur naturelle et datant probablement du IIIe siècle de notre ère (1). L'aspect général de ces ruines confirme l'hypothèse qui voit dans el-Kantara la capitale de l'île.

Vis-à-vis de la pointe la plus méridionale de Djerba, la côte se dirige vers l'est, tourne brusquement vers le sud jusqu'au port de Zerzis, reçoit les eaux de la sebkha el-Mellaha, ainsi que celles d'une profonde lagune rattachée à la mer par une autre plus étroite sur laquelle est le fortin el-Biban.

II

LE RELIEF ET LES EAUX.

La Tunisie est l'extrémité orientale du Maghreb. Son système orographique est au vrai la prolongation des chaînes de l'Atlas. Ses montagnes, coupées par sa frontière politique, continuent celles qui sillonnent la province de Constantine. Elles se partagent en deux massifs formant deux bourrelets gigantesques : le massif *méditerranéen* et le massif *saharien* (2). La première de ces chaînes est comprise entre le littoral et la Medjerda et se termine au cap Farina ; la seconde se détache du plateau de Tebessa et se partage sur le territoire tunisien en deux rameaux : l'un septentrional, finissant au cap Bon dans la presqu'île de Dakla-el-Malhouin et formant l'arête centrale de la Tunisie divisée

(1) Reinach et Babelon.
(2) M. Bois.

ainsi en deux régions, le versant de la Méditerranée occidentale et le versant de la Méditerranée orientale; l'autre, méridional, sortant du Djebel-Aurès et se divisant à son tour en deux ramifications, dont l'une se rattache au massif des Ouled-Ayar, tandis que l'autre va se terminer dans le golfe de Gabès. Un chaînon secondaire, partant de ce dernier rameau, se relie au système de la Tripolitaine.

La portion du territoire tunisien sillonnée par le massif méditerranéen et comprise entre la côte septentrionale de la Régence et la Medjerda porte le nom de Tel. Elle s'étend sur tout le territoire qui, sous la domination romaine, formait la province d'Afrique proprement dite, et se subdivise en Khroumirie à l'ouest, Mogod au centre, et territoire de Bizerte à l'est.

La Khroumirie, qui doit son nom aux Khroumirs, la plus importante de ses tribus, est un pays de 10 à 12 lieues carrées, encore mal délimité, hérissé de sommets escarpés, hauts de 1,500 à 2,000 mètres, dont les versants se terminent brusquement au nord sur la Méditerranée et s'ouvrent au sud par des vallées secondaires vers la Medjerda. Ces plateaux sont couverts de forêts presque impénétrables de chêne-liège. Leur structure, leur formation géologique et leur population rappellent les massifs de la Kabylie.

Les Khroumirs sont des nomades, pasteurs et chasseurs, de race berbère, parlant le *chaouia*, dialecte de l'Aurès, et vivant généralement de vol et de brigandage, à l'exception d'un petit nombre de riches qui se livrent au commerce. Leur population comprend environ 6.000 habitants.

Ils ont quelques centres de transaction, dont le plus important est Béja (l'ancienne *Vacca* des Romains). Cette ville, située à 107 kilomètres de Tunis et à 11 kilomètres au nord de la voie ferrée de Constantine à Tunis, commande une région agricole très riche dont elle est le marché.

Le Mogod, compris entre Bizerte et la Khroumirie, est constitué par un ensemble de plaines et de hauteurs généralement fertiles, dont les produits se concentrent sur les marchés de Mateur.

sud du massif intérieur, s'étendent de l'ouest à l'est

des plateaux élevés et de vastes plaines, au fond desquelles viennent s'accumuler, dans ces vastes cuvettes naturelles qui ont reçu le nom de *chott* et de *sebkha*, les eaux n'ayant point d'issue vers la Méditerranée ni vers le Sahara.

Tout le pays situé au sud du massif intérieur jusqu'à la région saharienne forme la Tunisie centrale, dont la ville de Kairouan (1) est la plus importante et comprend la presqu'île el-Malhouïn, le Sahel tunisien, l'Arad et tout le territoire qui s'étend vers l'Algérie.

A partir du soulèvement montagneux, qui va de Négrin à l'ouest jusqu'à Arad à l'est, commence la région saharienne proprement dite : c'est là que l'on trouve le Djerid ou pays des palmiers, dont les oasis surpassent en fertilité les sols les plus riches du monde (2).

A l'est du chott el-Djerid, le Sahara n'est séparé de la Méditerranée que par une série de hauteurs dont l'altitude très peu considérable va en descendant jusqu'au fond de la Grande-Syrte. Sur le bord oriental du même chott, se découpe également la presqu'île de Nefzaoua, l'ancienne Chersonèse de Diodore, se rattachant par son ossature à la chaîne qui se prolonge jusqu'aux environs de Gabès. Les oasis sont nombreuses dans le Nefzaoua.

Au sud du chott de Djerid, s'étend une immense plaine sablonneuse couverte de broussailles et riche en pâturages. On n'y rencontre aucun accident de terrain, sauf quelques dunes peu élevées, qui se trouvent dans la partie orientale du lac. Le terrain est tellement plat que l'horizon se dessine suivant un cercle parfait comme en pleine mer; c'est un océan de sable et de verdure : aucune trace de rivière, aucun point de repère; toujours la plaine et encore la plaine à perte de vue. Au sud-ouest, on distingue cependant une ligne de dunes que les Arabes appellent le Kerf, au delà de laquelle il n'y a vraisemblablement que du sable (3).

De la disposition de ce relief résulte l'hydrographie de

---

(1) Voir plus loin.
(2) Tissot.
(3) M. Bois.

la Tunisie, qui comprend le *versant de la Méditerranée* et les bassins fermés des *chotts et sebkhas*.

La plupart des cours d'eau tunisiens, à l'exception de la Medjerda, sont des torrents. Les massifs montagneux, en général très rapprochés de la côte, ne donnent en effet naissance qu'à de courtes artères fluviales, grossies à peine par quelques affluents temporaires. Quant à la région saharienne, elle absorbe dans des sables éternellement altérés toutes les eaux hivernales qu'elle reçoit de la chaîne de l'Atlas et les garde, grâce à la couche imperméable qui forme le fond de ce bassin (1).

Les cours d'eau issus du massif méditerranéen sont peu importants. Les principaux sont en allant du cap Roux au cap Farina : l'Oued-el-Kébir (Tusca) qui finit en face de Tabarca, l'Oued-Zouarha, l'Oued-Sedjenan qui se perd dans le lac de même nom, l'Oued-Djoumen et l'Oued-Tui, qui se réunissent dans la lagune de Bizerte. A vrai dire, il n'y a qu'une seule rivière tunisienne qui mérite d'occuper l'attention : c'est l'Oued-Medjerda, l'ancienne Bagradas, qui coule entre le massif méditerranéen et le chaînon saharien terminé au cap Farina.

La Medjerda ne tarit jamais. Elle serait un fleuve si elle était navigable. Son parcours est de 75 kilomètres sur le territoire algérien et de 325 kilomètres sur le sol tunisien. Elle roule une eau jaunâtre et charrie sans cesse des terres qu'elle enlève à une rive pour les reporter à la rive opposée. Son débit moyen est de 160,760 mètres cubes par jour en temps de sécheresse. L'Oued-Medjerda est formé par deux grandes rivières, dont l'une sort du Djebel-Beida et court de l'ouest à l'est sous le nom de Médjerda ; l'autre descend du plateau de Tébessa et se dirige vers le nord-est sous le nom d'Oued-Mellègue (2).

La vallée arrosée par la Medjerda est magnifique au point de vue pittoresque. La route est tantôt à mi-côte, tantôt au fond du thalweg. Au point de vue de la culture,

---

(1) Tissot.
(2) M. Bois, *passim*.

l'espace est trop restreint pour que la production puisse être abondante ; aussi n'y a-t-il guère de céréales que pour les besoins des rares habitants : ce sont surtout des prairies. Les montagnes au nord et au sud sont peu élevées, garnies de broussailles, de lentisques; on y voit quelques oliviers. Le long du fleuve, ce sont des ormes, des frênes, des peupliers blancs, une charmante végétation d'un vert pâle (1).

L'Oued-Medjerda traverse le plateau de Soukarras et, après avoir laissé à sa droite Ghardimaou, passe près de Chemtou (Simitta), ancienne ville romaine, où se trouvent de magnifiques carrières de marbres, dont l'exploitation, très active autrefois, a été reprise récemment. Après avoir arrosé Saint-Meskine, Souk-el-Arba et le bordj Ben-Bechir, il tourne brusquement au nord pour entrer dans la belle et riche plaine de Dakla, qui, entourée de tous côtés par une ceinture de hauteurs, forme un immense cirque naturel dont l'arène présente l'aspect de toutes les plaines d'alluvion et ressemble à un lac desséché (2).

C'est entre Souk-el-Arba et Ben-Bechir que la Medjerda reçoit l'Oued-Mellègue, dont les rives sont couvertes de ruines romaines, et que grossissent les eaux de l'Horrhir servant en certains points de limite entre l'Algérie et la Régence. Dans la vallée de l'Oued-Mellègue et à quelque distance de son cours, on trouve le Kef (*Sicca Veneria*), l'une des villes les plus importantes de la Tunisie (3).

Après l'Oued-Mellègue, la Medjerda reçoit l'Oued-Tessa, l'Oued-Bou-Heurtma, qui déchire par ses profonds ravins les montagnes de la Khroumirie, et l'Oued-Beja, sur lequel est située la ville de ce nom. Il arrose Testour, jolie petite ville entourée de plantations d'oliviers et menant par une route battue à Teboursouk, ville fortifiée où l'on remarque une belle fontaine romaine. Entre Tastour et Teboursouk, se trouvent à Tounga les ruines de Tignica, parmi lesquelles on voit un temple d'ordre corinthien.

(1) L. Journault.
(2) Tissot.
(3) Voir plus loin.

Après Tastour, la Medjerda arrose Slougnia, ancienne cité romaine, où l'on remarque un minaret et une tour isolée, puis Medjez-el-Bab, où l'on voit les restes d'un ancien arc de triomphe, puis Tebourba, bourg de 2,000 âmes, où la vallée commence à s'élargir. Au delà, l'oued traverse Djedeida, où la voie ferrée qui mène à Tunis passe sur sa rive gauche. A partir de Djedeida, la Medjerda coule dans une plaine de 20 kilomètres d'étendue, laisse le Djebel-Ahmar sur sa rive droite, arrose Sidi-Tabet, où se trouve le fameux haras fondé par le comte de Sancy, puis Fondouk, par où passe la route de Tunis à Bizerte, puis Sidi-bou-Chateur (l'ancienne Utique) (1), et se jette dans le lac de Rhar-el-Mellah ou Porto-Farina (2).

La vaste et profonde embouchure de l'Oued-Medjerda a eu le sort de tous les estuaires méditerranéens; les alluvions des cours d'eau l'ont comblée peu à peu et l'oued lui-même, se heurtant à ses propres apports, a dû chercher plus d'une fois une issue nouvelle. Il est probable que la Medjerda a eu dans son bassin supérieur trois lits successifs, dont le plus ancien longeait le versant occidental et septentrional du Djebel-Ahmar et finissait dans la mer qui, à cette époque, baignait le pied de ces collines. Les bas-fonds comblés par l'oued gardent encore la trace de ces divers lits de plus en plus rapprochés de la lagune, dans laquelle il se perd aujourd'hui. Ces déplacements résultent d'un phénomène particulier à la Méditerranée : la mer se retire. La superficie du terrain qu'elle a perdu, mesurée sur les traces visibles de l'ancien littoral, peut être évaluée à 250 kilomètres carrés et représente les apports du Bagradas pendant vingt et un siècles (3).

Après l'Oued-Medjerda, le golfe de Tunis reçoit la Miliana qui sort du Djebel sous le nom d'Oued-el-Kébir, traverse un pays fertile, où l'on remarque les ruines de plusieurs établissements romains, et passe non loin de

(1) Voir plus loin.
(2) M. Bois.
(3) Tissot.

Forage des chotts.

Mohamedia, pour aller finir dans la mer entre Radès et Hamman-Lif.

A peu de distance des ruines de Mohamedia, apparaît la première série des arcs du magnifique aqueduc romain, qui se déploie dans toute sa splendeur aussitôt après la traversée de l'oued. Rien de plus pittoresque et de plus grandiose que le coup-d'œil présenté par cette longue suite d'arcades découpant l'horizon en autant de losanges gracieux à fond d'un bleu foncé, tandis que les sommets des arcs sont colorés en vert par les végétaux qui s'y sont développés depuis des siècles. Bien que la majeure partie de l'ancien aqueduc construit par l'empereur Adrien ait disparu, notamment celle comprise entre la rivière Miliana et l'emplacement de Carthage, on est frappé d'étonnement de voir subsister encore tant de restes splendides de ce gigantesque monument. L'aqueduc destiné à conduire les eaux à Carthage partait du Djebel-Zaghouan et avait l'énorme développement de 132 kilomètres. Ce qui en a survécu est encore considérable, puisqu'il en existe encore 341 arcs sur un parcours de 30 kilomètres (1). La petite ville de Zaghouan, au pied de la montagne, se compose d'une centaine de maisons. Elle compte environ 3,000 habitants. De toute son antique beauté, il ne lui reste qu'une porte triomphale en belles pierres de taille.

Les principaux cours d'eau situés dans la presqu'île de Dakla-el-Malhouïne et appartenant au versant de la Méditerranée orientale sont : l'Oued-Abiad, l'Oued-Oudien, l'Oued-Chéiba, l'Oued-Kourba et l'Oued-Daroufa.

Dans toute l'étendue de la Tunisie centrale et de la Byzacène (contrée s'étendant du fond de la Petite-Syrte au fond du golfe d'Hadrumète), les torrents qui descendent du versant sud-est des dernières ramifications de la chaîne saharienne méridionale n'arrivent généralement pas jusqu'au littoral. Arrêtés par le bourrelet qui en dessine presque partout les côtés, ils forment une série de lacs et de sebkhas : la sebkha Djeriba, qui se termine en face d'Hergla et s'unit

(1) De Tchih achef.

au lac Kelbia par l'Oued-Mantez; la sebkha Kourzia à l'ouest de Zaghouân; la sebkha Halk-el-Menzel et le lac de Kairouan, où tombe l'Oued-Zeroud, qui reçoit l'Oued-Djelma, sur les rives duquel se trouvent, au petit village de Sbaïk, les ruines de l'ancienne ville romaine de Sufetula, détruite lors de l'invasion arabe. Ce lieu important était le point central où convergeaient jadis à l'intérieur les diverses routes du pays. Les ruines, encore imposantes, s'étendent des deux côtés de l'oued, dont les rives étaient réunies par un pont à quatre arches. On y voit un bel arc de triomphe, une magnifique voie dallée, des thermes, un amphithéâtre et un autre vaste pourtour, renfermant trois temples et percé de trois portes distinctes.

Au sud de l'Oued-Fekka, un des tributaires de la région centrale, le territoire tunisien n'offre plus que des steppes arides. Le seul cours d'eau qui mérite d'être cité est l'Oued-Baiach, qui va se perdre dans le chott el-Rharsa.

Les cours d'eau qui se jettent dans la mer sont en fort petit nombre. Ils ne descendent pas de l'intérieur et prennent leur source dans le bourrelet du littoral. Les plus importants sont : l'Oued-el-Hammam et l'Oued-Laya au nord de Sousse; l'oued-Amdoun entre Sousse et Monastir, Oued-Tina au sud de Sfax, l'Oued-Sabès (1).

III

LES CHOTTS ET LA MER INTÉRIEURE

A l'est de la plaine de Chegga s'ouvre une vaste dépression qui s'étend de l'ouest à l'est, dans la province de Constantine et dans la Tunisie méridionale, jusqu'au fond du golfe de Gabès, sur une longueur de 375 kilomètres. Le fond de cette dépression est formé de surfaces planes ou légère-

(1) M. Bois.

ment inclinées, nivelées par l'action des eaux. Ces bas-fonds, que les Arabes désignent sous les noms de *chotts* ou *sebkhas*, sont souvent à sec. Ils sont alors couverts de sel cristallin et ressemblent, à s'y méprendre, à d'immenses plaines semées de neige ou de gelée blanche. Quand on s'aventure dans l'intérieur des chotts, on y éprouve une chaleur lourde et accablante. Les yeux sont éblouis par la réverbération des rayons du soleil sur les petits cristaux de magnésie qui tapissent le sol; les objets placés sur le bord y sont réfléchis avec autant de fidélité que dans les eaux les plus transparentes. L'illusion est complète : on se croirait sur un îlot au milieu d'un lac véritable (1).

Les principaux de ces chotts sont ceux de Melrir ou Melghigh, el-Rharsa et el-Djerid.

Le chott Melrir, situé à 70 kilomètres au sud de Biskra, occupe une superficie d'environ 6,000 kil. car. Son niveau est inférieur d'environ 30 mètres à celui de la Méditerranée. Le chott el-Rharsa, placé sur la frontière tunisienne a une longueur de 75 kilomètres; il est séparé du chott el-Djerid par une ligne de collines sablonneuses nommée Kriz, dont l'altitude maxima est de 45 mètres. Entre les chotts Melrir et el-Rharsa, on trouve le chott el-Asloudj, dont le niveau, plus élevé que celui des deux autres, forme une sorte de seuil d'environ dix mètres d'altitude au-dessus du niveau de la Méditerranée (2).

Le chott el-Djerid est le plus important des chotts de cette région. Il a une longueur de 200 kilomètres de l'est à l'ouest et n'est éloigné du golfe de Gabès que de 18 kilomètres; il est traversé par la route très fréquentée qui conduit de Nefzaoua à Tozeur : c'est une ligne longue et droite sur laquelle on ne peut s'avancer que un à un. A certains moments de l'année, celui qui se hasarde à droite ou à gauche s'expose à être submergé dans la boue. Moula-Ahmed raconte qu'une caravane de mille chameaux traversait le chott el-Djerid, lorsqu'un de ces animaux s'écarta un

---

(1) Roudaire.
(2) M. Bois.

peu du chemin ; tous les autres le suivirent et disparurent successivement dans la vase. Il ajoute qu'à l'époque où il y passa lui-même, un terrain de cent coudées s'enfonça tout à coup, engloutissant les hommes et les annimaux qui s'y trouvaient. On a constaté qu'en creusant un trou dans le chott el-Djerid, quelle que soit la hauteur de l'endroit choisi, ce trou se remplit jusqu'au bord d'une eau entièrement limpide, mais plus salée que celle de la mer. Le fond de ces gouffres est insondable. Un cavalier de Tozeur ayant disparu dans un de ces trous, ses compagnons attachèrent bout à bout vingt baguettes de leurs longs fusils et, malgré cette sonde de 20 à 21 mètres, ils ne purent atteindre le lit du chott où leur camarade agonisait (1).

Certains géologues ont admis l'existence dans le Sahara, à une époque peu reculée, d'une mer qui communiquait avec le golfe de Gabès et, d'après eux, un soulèvement aurait déterminé l'assèchement de cette mer saharienne ; suivant d'autres, ces lacs salés communiquaient autrefois avec la Méditerrannée par un détroit qui s'ouvrait au fond du golfe, et les sables avec le temps ont fini par séparer la mer de ces lacs qui sont en partie désséchés. Une légende, encore aujourd'hui répandue dans le Nefzaoua, rapporte que Skander-Dhou-el-Kournein, venu d'Orient jusqu'à Metouia, une des oasis des environs de Gabès, sépara cette mer intérieure, dite mer de Triton, de la Méditerrannée en créant par ses enchantements l'isthme de Gabès et la transforma ainsi en simple sebkha (2).

La théorie de l'identification des chotts et de la mer de Triton, reprise à diverses époques, servit de point de départ aux recherches faite par le lieutenant-colonel Roudaire pour reconstituer l'ancienne mer historique. Chargé d'une mission spéciale en 1876, M. Roudaire conçut la pensée et acquit la certitude qu'il serait possible d'introduire les eaux de la Méditerrannée dans la région des chotts, c'est-à-dire de faire pénétrer le commerce, la vie jusqu'au cœur du

(1) Maunoir et Duveyrier.
(2) M. Bois et Tissot.

Sahara algérien en transformant en mer intérieure des lagunes aussi dangereuses et insalubres. M. Roudaire affirmait que la création de cette mer intérieure exercerait sur le climat tunisien une influence bienfaisante, ferait sentir sa bienfaisante action sur le Tell en neutralisant les effets désastreux du sirocco, qui cesserait d'être un vent desséchant, constituerait une barrière contre les sauterelles et contre le sable envahissant des dunes, ouvrirait à travers des contrées presque inaccessibles une route commerciale et maritime commode et peu coûteuse, assurerait enfin la sécurité complète de l'Algérie, en permettant aux troupes françaises de débarquer au sud de Biskra (1).

Cette opinion donna lieu à un débat scientifique très animé, dans lequel M. Roudaire eut pour adhérents MM. d' Lesseps, Duveyrier, Yvon-Villarceau, les amiraux Jurien de la Gravière et Pâris, le général Favé, et pour contradicteurs principaux MM. Cosson, Houyvet, Naudin, Dumas, Daubrée, Ch. Martins, Desor, Fuchs, Pomel et Rouire. Le lieutenant-colonel Roudaire est mort en 1885. Le commandant Landas continue son œuvre.

En 1882, une commission, composée de spécialistes et de savants, fut chargée par le gouvernement d'examiner le projet de M. Roudaire. A la suite de plusieurs débats contradictoires qui eurent lieu dans une assemblée comprenant environ 450 membres, à Blois, elle émit à l'unanimité moins une voix l'avis et le vœu que le gouvernement français ne devait pas encourager l'entreprise du lieutenant-colonel Roudaire. Ce furent surtout les études du docteur Rouire, médecin militaire du corps d'occupation de la Tunisie, qui déterminèrent cette résolution. Suivant lui, l'ancienne baie de Triton est située beaucoup plus au nord du golfe de Gabès, et ne serait autre que le bassin hydrographique du lac Kelbiah. Selon M. Tissot, au contraire, le grand fleuve Triton d'Hérodote et le cours supérieur du Triton de Ptolémée serait l'oued Djedi; le cours inférieur du fleuve serait l'oued Gabès. Les trois lacs for-

(1) Roudaire.

Juifs de Tunis.

més par le fleuve Triton de Ptolémée seraient les trois bassins des chotts el-Djerid, el-Rharsa et el-Merir.

La question de la mer intérieure n'est cependant pas abandonnée. L'un des plus grands obstacles de la réalisation du projet provient de ce que le chott el-Djerid, le plus voisin du golfe de Gabès, a le fond de sa cuvette au-dessus du niveau de la mer, et que la moyenne de ce fond peut dépasser ce niveau d'environ dix mètres. D'un autre côté, la longueur totale des diverses parties du canal de communication doit être de 200 kilomètres, ce qui entraînerait des dépenses énormes (1). Disons toutefois qu'en dépit de ces difficultés M. de Lesseps, dont le nom se rattache à toutes les grandes œuvres de ce genre, s'est fait le promoteur de l'entreprise de la mer intérieure.

IV

CLIMAT ET PRODUCTIONS.

Le climat tunisien participe en général de celui du midi de l'Europe et de celui du Sahara.

La moyenne de la température est en été de 25° à 35°, en hiver, de 10° à 18°, la moyenne annuelle de 24 degrés. L'hiver, qui ne dure guère que deux mois (janvier et février), est d'ordinaire fort doux ; les gelées sont rares ; le printemps commence en mars et finit vers le 15 mai. L'été, saison des pluies intermittentes, mais peu fréquentes, se prolonge jusqu'en octobre. En juillet et août, la chaleur est insupportable et s'élève de 37° à 47° centigrades à l'ombre. Cette température torride est modifiée en plus ou en moins par les alternatives des vents. Le sirocco la rend étouffante. Sur la côte, la brise du large, qui règne depuis huit heures du matin jusqu'au coucher du soleil, apporte souvent une fraîcheur inconnue en Algérie (2). Cette in-

(1) M. Bois.
(2) Des Godins de Souhesmes.

fluence bienfaisante du voisinage de la Méditerranée se fait sentir aussi dans le Sahara tunisien, où les vents d'est et de sud-est laissent tomber une rosée assez abondante pour alimenter des plantes qu'on ne trouve pas dans le Sahara algérien. Aussi les ruines romaines, ces enseignements du passé, s'avancent-elles dans le Nefzaoua à presque un degré de latitude au sud de leur limite extrême sud dans le département de Constantine (1). Les témoignages des historiens du moyen âge prouvent qu'à cette époque les conditions climatologiques de la Tunisie étaient sensiblement différentes de celles d'aujourd'hui. El-Bekri, par exemple, vante les plantations de canne à sucre de l'oasis de Gabès, où cette espèce de roseau n'existe même plus comme curiosité. Suivant toute probabilité, ces changements sont dus, comme dans beaucoup d'autres pays, au déboisement qui a modifié le régime des eaux et des vents, en diminuant la fertilité du sol. Il est certain que l'Afrique était plus boisée à l'époque romaine qu'elle ne l'est maintenant et que, dès le cinquième siècle de notre ère, elle a commencé de subir, sous ce rapport, des modifications qui ont exercé une action directe sur les conditions générales de son climat (2).

De ces conditions et de la nature du sol résultent trois zones de production : la zone de l'olivier, correspondant à la région méditerranéenne ; la zone du palmier, renfermée dans les limites de la région saharienne ; et la zone de l'orge ou zone intermédiaire, comprise entre les deux autres.

Sur une superficie approximative de 118,000 kil. carrés, la Tunisie renferme, d'après M. Duveyrier, environ 230,000 hectares de terres cultivables, près de 4,000,000 d'hectares de steppes, bons pour l'élevage du bétail et du chameau, et près de 5,000,000 d'hectares de désert.

Les olives sont la principale richesse du pays. On y cultive des céréales abondantes et variées (orge, blé, maïs,

---

(1) Duveyrier.
(2) Tissot.

millet, fèves, pois), des plantes textiles (lin, chanvre, coton), le safran, le tabac, le pavot ; des plantes tinctoriales (carthame, garance, indigo, henné du Sahel). On y trouve de nombreux arbres fruitiers (olivier, amandier, pistachier, figuier, grenadier, palmier, abricotier, pêcher, jujubier, oranger, citronnier). La vigne y prend, surtout dans l'Enfida, un développement considérable.

De Tastour à Tetourba, on voit à droite et à gauche de la rivière plusieurs grandes propriétés françaises, de création récente, dont certaines ont déjà une centain d'hectares de vignobles. Dans la plaine de la Medjerda, dans les vallées latérales et aux environs de Tunis, sans parler des montagnes ni de la région méridionale, il y a au moins un million d'hectares de terres, près desquelles nos meilleures prairies de la vallée d'Auge, nos plus excellentes terres de la Beauce, nos vignobles les plus planturcux du Languedoc seraient mal venus à montrer trop de fierté (1).

C'est dans la Khroumirie que l'on trouve les principales forêts. Les essences principales sont le chêne vert, le chêne blanc, le chêne-liège, le frêne et l'orme. On cultive aussi l'alfa, les arbres résineux, les gommiers, le thuya, dont on voit aux environs de Zaghouan un seul tenant de 40,000 hectares.

Les plus beaux palmiers sont ceux de Djerid, de Gafsa, de Tozeur et de Nefta. On sait que le palmier dattier représente pour le Saharien à la fois le bananier et le bambou des régions tropicales. Il donne, outre son fruit (*themer*), ses palmes (*djerid*), sa tige, ses bourres et sa sève, dont on fait une bière fermentée, qui usurpe le nom de vin. Les palmiers de Gafsa forment, à cent pieds de hauteur, une toiture verdoyante, qui protège les cultures les plus diverses. Les dattes de Gafsa sont succulentes et rivalisent avec celles de Nefta, réputées les meilleures de l'Afrique. Elles s'exportent au loin, même en Egypte, et représentent un commerce considérable. Sous l'ombre protectrice de ces

---

(1) Paul Leroy-Beaulieu.

palmiers, la plupart des arbres fruitiers de l'Europe méridionale atteignent des proportions énormes. En mars et en avril, presque tous sont en fleurs, et leurs senteurs délicieuses s'épanchent de tous côtés dans une atmosphère à lumière tamisée à travers les palmes ondoyantes. Le sol sablonneux peut tout produire, à condition d'être bien irrigué, et la méthode employée à cet égard est d'une extrême simplicité. Le terrain est partagé en petits carrés bordés de petites digues formant des canaux avec les digues voisines. De temps à autre, on l'inonde tout entier en faisant une coupure à la digue. Aussi les cultures se succèdent-elles avec une rapidité merveilleuse, sans jamais laisser reposer la terre, et l'art des assolements a été poussé extrêmement loin à la suite d'expériences séculaires (1)

Tozeur et Nefta rivalisent avec Gafsa. Leurs jardins, grâce aux oueds qui les alimentent, sont toujours d'une admirable fertilité. A Tozeur, on compte plus de 250,000 pieds de palmiers splendides. Sous la couronne éternellement verte qui surmonte leurs tiges élancées et d'où pendent en longs régimes les dattes les plus savoureuses du Sahara, existent un grand nombre d'arbres fruitiers, mêlant ensemble leurs feuillages, leurs fleurs et leurs fruits. A leurs pieds, sont disposés en petits carrés des planches de légumes ou des semailles de blé et d'orge. Çà et là des vignes capricieuses, aux ceps gigantesques, grimpent le long des dattiers, s'enroulent autour de leurs troncs ou courent en guirlandes d'un arbre à l'autre. Ce serait un paradis terrestre si les sables ne l'envahissaient de plus en plus et ne menaçaient de l'engloutir complètement. Aussi l'homme a-t-il besoin d'y lutter sans trêve contre la nature pour repousser les vagues mobiles qui avancent graduellement (2).

Les principales productions minérales de la Tunisie sont le plomb de Djebba, de Tabarca, de Béja et de Kef, le cuivre de Teboursouk, le fer de Djerad et des montagnes

(1) Rebatel et Tirant
(2) V Guérin.

de la frontière occidentale, le plâtre, abondant partout, à peu d'exceptions près, les marbres de Chemtou, employés par les Césars romains à la décoration des grands édifices et des monuments sacrés, le sel des sebkhas, le soufre et le tripoli de Kef.

La faune tunisienne est peu variée ; on élève des troupeaux de chameaux, de chèvres et de moutons, des chevaux de race très estimée, des mulets et des ânes, mais peu de vaches et de bœufs, à cause du manque de pâturages. La volaille est abondante, le gibier pullule, les côtes sont très poissonneuses, les éponges et les polypes abondent au large de Sfax et des îles de Kerkenna.

V

LA POPULATION.

La population de la régence de Tunis est de 1,067,200 habitants d'après les évaluations officielles, et de 1,800,000 suivant les données géographiques ordinaires. Au point de vue de la densité, c'est-à-dire du rapport entre le nombre des habitants et l'étendue territoriale, elle prend rang entre la Grèce et la Russie, sans s'élever beaucoup au-dessus de cette dernière.

Cette population se subdivise en diverses races : Maures ou Hadars, Arabes, Berbères, Juifs, Koulouglis, nègres du Soudan, Européens, Maltais, Italiens, Grecs, Français et Anglais. L'élément européen représente à peu près le quart de cette totalité, si l'on s'en tient aux chiffres officiels. Le principal dialecte est l'arabe ; le français est la langue officielle, l'italien est employé par la nation italienne et maltaise.

Le nord est peuplé de Berbères, ainsi qu'une grande partie de l'intérieur, la presqu'île du cap Bon et la presqu'île du Sahel. Le fond primitif de la race berbère se compose de deux races brunes, représentant deux éléments, l'une européenne, l'autre saharienne, profondément distinctes de

Campement de Berbères.

la race noire. A ces deux éléments se joint la race blonde, dont on n'a reconnu l'importance que récemment, mais dont l'existence dans l'Afrique septentrionale est attestée par des bas-reliefs égyptiens (1). L'immigration de ces Aryens aurait eu lieu en Afrique par l'Espagne vers le XVe siècle avant notre ère Quoi qu'il en soit, le Berbère n'a rien de commun avec le colon phénicien ; c'est le Lybien d'Hérodote et de Scylax, le Maure et le Maurusien des écrivains grecs de la seconde époque, le Gétule, le Numide, le Maure, et en général l'Afer des Romains (2).

Le Berbère a la peau bistrée, noircie par le soleil, les cheveux bruns, rouges ou blonds, les yeux bleus, le visage court, le front large, le nez épais, la bouche lippue, les membres trapus, les formes maigres, quoique vigoureuses, le regard féroce. Il porte la longue chemise de toile, qui lui descend jusqu'au-dessous du genou, et sur laquelle il jette un épais burnous, rude, sombre et fait de poil de chameau pour les classes pauvres, blanc et léger pour les riches. Ces burnous, dont la durée est infinie, se transmettent de génération en génération. Sa coiffure, quand il en porte, est la chechia rouge des Bédouins, mais il se contente généralement du capuchon de son burnous sur lequel, par les grandes chaleurs, il enfonce un énorme chapeau de paille à larges bords.

La femme berbère est robuste, peu jolie. Mariée à quatorze ou quinze ans, elle perd vite le peu de beauté réelle qu'elle peut avoir. Elle est d'ailleurs d'une rudesse égale à celle de son mari et, comme lui, elle va nu-pieds et se tatoue la figure. Son costume se compose exclusivement d'une pièce d'étoffe bleue enroulée autour du corps ceignant les reins au moyen d'un cordon. Contrairement à l'usage arabe, elle a le visage découvert et se présente non voilée devant les étrangers. Elle n'a point de coiffure et laisse flotter négligemment ses cheveux, qu'elle retient rarement. Elle ne porte d'autres ornements que des an-

---

(1) Tissot.
(2) E. Renan.

neaux de métal aux oreilles, aux bras et aux jambes.

Le Berbère, et principalement le Khroumir, n'a pas de demeure fixe, comme l'Algérien. Quoiqu'il habite quelquefois des maisons en briques non cuites, grossièrement construites, ou bien les ruines romaines si nombreuses dans la vallée de la Medjerda, il préfère, à l'exemple du Bédouin, la vie nomade, et vit sous la tente noire dont la toile est tissée de poil de chameau. Mais quel que soit son abri, il se divise en deux compartiments : l'un pour lui-même, l'autre pour sa femme et ses enfants. Il n'a guère de harem et ne pratique pas la polygamie. Il vit modestement et sobrement. Son mobilier, s'il en possède, se réduit à quelques nattes, à quelques ustensiles en terre. Mais il attache une grande importance à ses armes, ses selles et ses harnais ; il a d'ordinaire un fusil à percussion, un ou deux pistolets, un yatagan. Sa selle est en bois, recouverte de cuir jaune ou rouge et garnie devant et derrière d'une haute pièce de bois cintrée, qui l'encaisse complètement. Il n'a qu'un seul éperon, armé d'une longue pointe au lieu de molette. Il a pour maxime que, lorsque le cheval est éperonné d'un ôté, l'autre côté suit tout seul.

Les Berbères, quoique vivant en tribus le plus souvent errantes, ont une sorte de confédération politique dont l'organisation correspond à celle du corps humain et se subdivise en corps, membres et doigts. Ces derniers (*deshra*) sont les villages qui ont à leur tête un *amihn* ou maire assisté d'un conseil (*djemma*). Les *amihns* d'une tribu choisissent un *amihn-el-umena* ou maire suprême, et forment avec les cheiks religieux et les marabouts une sorte de sénat qui exerce le droit de guerre et de paix.

Absolument indépendant, le Berbère ne paie de taxes que pour l'entretien de sa mosquée et de sa communauté. Le gouverneur tunisien n'a sur lui qu'une espèce de suzeraineté fictive. Dans sa république autonome, il ne dépend de personne et discute ses intérêts comme le paysan russe dans son *mir*. Il est l'ennemi personnel du bey et de l'administration française, ne voulant pas plus d'un maître que de l'autre et prétendant exercer impunément ses rapines !!

Types de juives.

est douteux que notre autorité le laisse longtemps persévérer dans ce système (1).

Les Arabes de la Tunisie forment, avec les Berbères, les deux tiers de la population de la Régence, dont ils occupent le centre et le sud. Quoique essentiellement nomades, ils ont une certaine organisation. Leurs douars ou villages, souvent éloignés de plusieurs lieues, sont réunis en sections ou *ferkas*, dont l'ensemble est soumis à un caïd, qui lève des contributions.

L'Arabe se distingue du Kabyle par sa taille élancée, sa maigreur musculeuse, par la noblesse et la majesté de sa prestance ; il a la physionomie intelligente, l'œil noir et vif, les traits fins, le visage ovale, le nez aquilin, les lèvres minces, la barbe rare et noire. Il s'habille misérablement, à moins d'être riche, et, même dans ce dernier cas, il ne recherche pas le luxe. Son costume se compose d'une espèce de chemise de toile longue et rude, de larges pantalons descendant au-dessous du genou, d'un gilet brodé ou agrémenté de boutons d'argent et d'un burnous. Sa coiffure est le fez qu'il n'ôte jamais et qui empêche de voir sa calvitie, car il n'a sur la tête rasée qu'une petite touffe de cheveux. Il se tatoue comme tous les autres nomades du Maghreb. Il est peu tenace, d'un commerce peu sûr, et si superstitieux qu'il a le cou garni de charmes et d'amulettes pour se préserver surtout du mauvais œil (2).

La femme arabe est petite, assez jolie ; mariée à douze ans, elle est vieille à vingt. Esclave de son mari qui la considère comme un être inférieur, la bat, la laisse mourir de faim et l'oblige à être la servante de celle qu'il a chassée pour la remplacer, elle mène une existence misérable qu'elle accepte avec une résignation fanatique. Mal vêtue, n'ayant d'autre costume que la pièce d'étoffe bleue, enroulée autour du corps et attachée par des épingles, elle est obligée de manier la charrue et de se livrer aux travaux les plus robustes et les plus pénibles,

(1) De Hesse Wartegg.
(2) A. de la Berge et de Hesse Wartegg, et des Godins de Souhesmes.

pendant que son mari demeure oisif. Elle n'a ni chaussures, ni coiffure, ni ornements ; mais elle se voile le visage même en travaillant aux champs. Dès son enfance, elle est vouée à la vie de la bête de somme. Son père la vend au plus offrant, jeune ou vieux, quand elle est en âge de se marier, et le peu de bonheur qu'elle ait se limite aux quatre ou cinq années de fraîcheur de sa beauté 1).

Les Juifs forment l'élément commerçant de la Tunisie. Ils sont au nombre d'environ 50,000, et on les reconnait aisément à la beauté de leur type et à leur costume, européen à vrai dire, mais d'un caractère distinctif (2). Ils se coiffent de la chechia, autour de laquelle ils roulent quelquefois une cravate noire en forme de turban. Quelques-uns ont gardé l'habillement oriental, la large culotte turque, la ceinture autour des reins et le burnous jeté sur les épaules. A Tunis, ils habitent un Ghetto, dont les rues étroites et sales, où ne pénètre jamais un rayon de soleil, sont bordées de masures sordides. Le pavé est jonché d'immondices exhalant une odeur de putréfaction indescriptible. Leurs femmes, généralement fort belles quand elles sont jeunes, ressemblent, au milieu de ces ordures, à de superbes fleurs poussant sur un fumier. Elles sont, contrairement aux hommes, d'une propreté remarquable. Sous une chemise rouge ou jaune ou verte descendant jusqu'aux hanches, elles ont une casaque de velours brodée d'or et très petite. Le reste de la toilette se compose d'un pantalon très collant, venant jusqu'aux chevilles. Pour chaussures, elles portent de petites pantoufles de chevreau noir couvrant à peine les orteils, ou de hautes sandales de bois. Leurs bras nus sont chargés de lourds bracelets d'or. Leur coiffure est la *koufia* de velours, espèce de pain de sucre, chargé de broderie et attaché par un ruban rouge ou jaune. On les marie entre douze et quinze ans, et comme l'embonpoint constitue chez les Juifs, autant que chez les Maures, la suprême beauté, avant le mariage on les engraisse pendant quarante jours avec des farineux,

(1) De Hesse Wartegg.
(2) De Hesse Wartegg et des Godins de Souhesmes.

Femmes Mauresques.

de la chair de jeunes chiens et des boulettes de graisses oléagineuses. Elles ne se fardent pas les joues, mais comme les Mauresques elles emploient le henné.

Les Mauresques sont également d'une beauté remarquable, et leur costume est plus coquet et plus gracieux que celui des Juives. Dans la rue, elles portent la *gandoura*, espèce de tunique d'étoffe claire, attachée sur les épaules à l'aide d'épingles d'or ou d'argent, un pantalon de toile blanche qui descend en fronçant jusqu'à la cheville et un long voile brodé ou *yamak* qui enveloppe tout le visage, sauf les yeux. Elles se teignent les sourcils en noir, se brunissent les paupières avec de l'antimoine et se rougissent la paume des mains, les ongles et les pieds avec l'herbe connue sous le nom de henné, dont elles font une infusion. De même que les Juives, on les marie à douze ans et on les engraisse avant le mariage. L'embonpoint artificiel qu'elles obtiennent grâce à ce régime est quelquefois monstrueux. Les Maures sont polygames, comme les Bédouins, et leurs femmes vivent dans des harems.

A Tunis, contrairement à l'opinion généralement admise, l'élément prépondérant n'est pas la race maure. Celle-ci a joué, il est vrai, depuis son expulsion d'Espagne, un rôle important dans la capitale de la Régence, mais elle a depuis longtemps perdu son antique renom de bravoure et d'intelligence, et elle a cédé la supériorité d'influence aux Mamelucks. Les Maures tunisiens sont aujourd'hui de simples marchands, des boutiquiers, et les descendants des rois d'Andalousie vendent de l'eau-de-vie derrière un comptoir; ils forment en réalité la classe moyenne à Tunis. La haute société est représentée par les Mamelucks, qui occupent les dignités et les grandes fonctions administratives et jouissent de l'opulence volée ou extorquée par leurs aïeux ou par eux-mêmes. Ce sont des Grecs, des Tyriens, des Arméniens, qui ont capté les bonnes grâces du bey et, avec leur esprit accoutumé à l'intrigue, ont accaparé les faveurs et le pouvoir. Ils habitent des palais somptueux, meublés avec toute la prodigalité du faux luxe européen, entassant les tableaux d'authenticité douteuse, les tapis orientaux de fabrication parisienne, les chinoiseries apocryphes, les lustres en verre et les pendules en bronze doré qui ne marchent point, image de l'ancien gouvernement tunisien, toujours arrêté en attendant que l'Europe vînt le remonter (1). Quelques-uns, comme Kereddin et le général Bakoush, ont fait exception à la règle sous certains rapports ; mais la généralité mène une vie de désordre financier à laquelle rien n'est comparable. Les plus riches sont criblés de dettes; ils possèdent des millions en troupeaux, en chevaux, en chameaux, en champs cultivés, et ne peuvent payer les gages de leurs serviteurs. Aussi sont-ils à la merci des Juifs qui les pressurent (2).

Les Turcs occupent quelques hauts emplois, surtout les postes supérieurs de l'armée, mais le plus grand nombre sont réduits à la misère, comme les Koulouglis, produit de leur race avec la race maure; ces Koulouglis sont du reste, comme les Turcs eux-mêmes, en nombre restreint. Ils jouissent de peu d'estime et de considération parmi les musulmans. Mous, indolents, lymphatiques, ils ont la peau plus blanche que l'Arabe. On les reconnait à leur allure paresseuse et on ne les trouve guère que parmi les *kavasses* des consulats étrangers, des banques ou de la maison du bey.

VI

TUNIS ET LES VILLES IMPORTANTES.

TUNIS (Thunes ou Tunes, *Tunisium*) est la capitale de la Régence. Fondée vers le commencement du neuvième siècle avant notre ère, à peu près à la même époque que Carthage, elle suivit la fortune de cette dernière, subit avec elle toutes les péripéties des guerres puniques, et fut ruinée comme elle après la victoire de Scipion-Emilien.

---

(1) Des Godins de Souhesmes.
(2) De Hesse Wartegg.

Plus tard, elle se releva, sous Auguste et Adrien, et passa des mains des empereurs byzantins au pouvoir des Arabes (1).

Les croyants l'appellent le Burnous du prophète. L'imagination orientale lui prête en effet la forme d'un grand vêtement de ce genre dont le capuchon serait la citadelle ou Casbah ; et, comme le musulman rapporte tout à sa religion et à son prophète, ce burnous ne pouvait être que celui de Mahomet.

La ville est située à 10 kilomètres dans l'ouest du chenal qui la fait communiquer avec la mer. Elle est bâtie en amphithéâtre entre deux lacs, dont l'un à l'est, el-Bahira, peuplé de pélicans et de flamants, est directement relié au golfe de Carthage et par celui-ci à la Méditerranée. L'autre, au sud-ouest, est la Sebkha-el-Sedjoumi, qui n'est guère qu'un marais, asséché pendant l'été, rempli d'eau salée pendant l'hiver et entouré de hautes et pittoresques chaînes de montagnes. Au nord de la Sebkha, est la Manoubia, véritable ville de villas, où se trouvent le palais des grands dignitaires et le Bardo, résidence officielle du bey de Tunis.

Outre la vieille ville ou « cité », Tunis comprend deux faubourgs (*rebat*), presque aussi étendus qu'elle-même : le rebat Bal-el-Souïka, au nord, et le rebat Bab-el-Djezira, au sud. La vieille ville possède une muraille spéciale de construction mauresque et une deuxième enceinte qui entoure la cité et les faubourgs. Ces deux murs sont percés de sept portes et se rejoignent à la Casbah, qui occupe le point dominant, à la partie occidentale de la vieille ville, et présente la forme d'un rectangle. Dans le faubourg du nord se trouve le *quartier maure* (el-Andalous). Au point de jonction des deux enceintes de murailles est la « porte de mer », en face de laquelle s'étend le Bab-el-Bahireh, *quartier européen*, dont le centre est la Place-Marine, où aboutit la grande rue commerçante du même nom. La Piazza Marina est le Corso ou la Chiaja de Tunis. Elle correspond à la Shubra du Caire. De part et d'autre elle est bordée de

(1) M. Bois.

Bazar à Tunis.

bazars, de maisons de commerce, d'hôtels, de résidences consulaires, de cafés où s'assemblent tous les étrangers. Entre Tunis et la Douane se construit actuellement un nouveau quartier, le *quartier Franc*. La Casbah et la place de Carthagène sont les autres lieux de rendez-vous de la population.

Considéré dans son ensemble, l'aspect intérieur de Tunis désenchante lorsqu'on en a vu la magnificence extérieure. Les maisons, à l'exception de celles de la Marine, sont généralement basses. Les rues étroites livrent à peine passage à deux personnes de front. Les cinq principales s'embranchent sur la Marine; toutes sont sales, tortueuses, surtout dans le Ghetto. De distance en distance, elles sont bloquées par des murs ou des pans de maisons. La plupart aboutissent aux grandes places où sont les *soukhs* ou bazars. Le dédale de ces chemins paraît inextricable. Plus on s'éloigne du centre, plus la désillusion augmente. Les faubourgs ne valent pas mieux que la côte. Ce qu'il y a de plus remarquable, ce sont les mosquées que l'on rencontre partout. Il y en a plus de cinq cents. La principale porte le nom de Djama-el-Zitoum (mosquée de l'olivier), elle a été construite avec des matériaux provenant de Carthage et forme à la fois un temple et une université qui contiennent une bibliothèque fort curieuse. Dans le faubourg Bab-el-Souïka, on remarque le Djama-Sidi-Mahrez, qui est un asile inviolable.

Après le quartier européen, le plus important est celui où est le palais du bey, Dar-el-Bey, où l'on n'arrive qu'après avoir franchi un labyrinthe de ruelles formant le réseau d'un bazar. Le bey n'habite guère son palais. Il réside plus souvent au Bardo, situé à environ 3,000 mètres de la ville; en face du Bardo est le palais de Kassar-Saïd.

Le grand centre d'animation, en dehors de la Marine, c'est le bazar, où sont accumulées toutes les richesses de l'industrie tunisienne et où se presse toute la population, riche ou pauvre. Le bazar principal est réparti en sections ou *soukhs*, ayant chacune leur spécialité, et placées sous la surveillance et l'administration générale d'un amilin.

Les souks sont séparées par des portes qui se ferment le soir à l'heure de la prière. Les bazars ne sont pas habités. La nuit, ils sont gardés par des veilleurs qui se juchent sur les saillies des toits.

Le bazar le plus considérable est celui de la cordonnerie; il se compose d'une centaine de boutiques, où les marchands et les fabricants logent côte à côte; viennent ensuite celui des soieries, celui des tapis, celui de la sellerie, celui des bijoux, celui des épices, celui des parfums, etc. Un des plus curieux est celui où l'on fabrique les chechias (fez rouges).

Au nord-est du lac Bahirch, se trouve un tertre rouge et nu, sans arbre ni végétation et couronné par un petit groupe de bâtiments; c'est l'ancien emplacement de Carthage. Tout ce qui en subsiste encore, ce sont des bains dont les voûtes gigantesques servent d'abri aux troupeaux, et les énormes piliers de l'immense aqueduc auquel les Arabes ont adossé leurs misérables huttes en terre.

L'enceinte de Carthage, telle que nous la connaissons par le récit des écrivains anciens, était l'une des plus remarquables de l'antiquité par le périmètre immense, la hauteur, l'épaisseur et la construction particulière des murs qui environnaient cette vaste cité. Les murs de son acropole (à Byrsa) devaient être plus formidables encore. Des fouilles ont été pratiquées en cet endroit par MM. Beulé, Davis et bien d'autres; mais les résultats qu'elles ont donnés ne répondent pas encore aux espérances qu'on était en droit d'en attendre. Aussi, un vaste champ y reste-t-il ouvert aux archéologues, d'autant plus qu'il y a eu en réalité sur ce même emplacement trois villes superposées, la Carthage byzantine, la Carthage romaine et la Carthage punique, et que la plupart des recherches n'ont été opérées qu'à la surface (1). La mission récente de MM. Reinach et Babelon permet d'espérer que ces travaux vont être poussés avec une nouvelle activité, maintenant que les obstacles séculaires, opposés à la science par le fanatisme

(1) De Hesse Wartegg.

musulman, ont été écartés à Tunis, grâce à notre prépondérance.

La chapelle de Saint-Louis offre pour nous un intérêt spécial. Elle s'élève au cœur même des ruines de Carthage, et grâce à M. de Lesseps, qui obtint, en 1830, du bey de Tunis la cession à perpétuité du plateau de Birsa, le drapeau français flotte depuis un demi-siècle sur cette colline, autour de laquelle se pressent tant de souvenirs. Ce tombeau, où l'illustre roi de France, mort le 25 août 1270, a été enseveli, est un lieu de pèlerinage. Aujourd'hui la chapelle commémorative érigée à la mémoire du dernier des croisés se trouve englobée dans un établissement important, appelé collège Saint-Louis, qui renferme un musée très curieux où figurent des objets d'art et d'antiquité, des fragments de colonnes et de statues ou des statues entières d'une grande importance historique (1).

Tunis a deux voies de chemin de fer, l'une française et l'autre italienne. Elle fait un grand commerce de chechias, de burnous, de couvertures, de gandouras, de tapis. Elle fabrique des soieries, des lainages ; elle importe des tissus de coton, et exporte des céréales, des huiles, des laines, des cuirs, des essences pour une somme considérable (2).

La population de Tunis est de 125,000 habitants, parmi lesquels 34,000 Européens, dont 3,500 Français.

La Goulette, le port de Tunis, n'est, à vrai dire, qu'un faubourg de la ville bâtie sur une langue de terre étroite qui sépare el-Bahira de la mer ; elle est divisée en deux parties par le chenal de 12 à 18 mètres de large, qui met en communication la mer avec l'el-Bahira. Sa population est d'environ 4,000 habitants, dont 400 Français. Au point de vue de la défense navale, la Goulette est un port insignifiant ; toutes ses fortifications se bornent à un petit fortin, qui la protège du côté de la mer et défend l'entrée du canal. Les vrais points dominants du golfe sont ceux de la

(1) J. de Crozals.
(2) M. Bois.

colline sur laquelle était l'ancienne Byrsa; mais il y a lieu
d'espérer que les exigences militaires respecteront les
reliques historiques accumulées en cet endroit. Au point
de vue commercial, la Goulette n'offre pas plus d'importance. Son mouillage n'est pas abrité contre les vents du
nord et d'est qui sont très violents en hiver; l'approche
n'en est possible, à cause de son peu de profondeur, qu'à
une centaine de mètres. Le canal n'a pas plus de vingt-cinq
mètres de largeur. Quand deux balancelles sont amarrées
de chaque côté du quai, il ne reste guère que le passage
suffisant pour un canot. L'embouchure du canal sur la mer
n'est pas beaucoup moins étroite, et il faudra l'élargir de
toute nécessité pour permettre aux petits steamers d'accoster le quai.

BIZERTE est l'antique *Zarytus* tyrienne. Le nom latin a
gardé sa forme grecque et sert à distinguer cette Hippo de
l'Hippo regius, aux environs de laquelle s'est élevée Bône.
La ville est située au milieu d'une baie profonde, à l'embouchure d'un canal qui relie la mer avec un grand lac
intérieur entouré de montagnes. Ce lac est très peu profond
et ne contient pas de bancs de sable. Aujourd'hui Bizerte,
qui était jadis un des meilleurs ports de la Méditerranée,
est ensablé, à cause de l'afflux d'eau salée qui s'y décharge.
Le canal a 28 mètres de large et se divise en deux branches
communiquant avec le lac. Ce dernier pourrait être facilement converti en un port magnifique et recouvrer toute son
antique importance.

Près de Bizerte, sur une haute montagne rocheuse émergeant de la mer, se trouve une vieille tour en ruines qui
atteste encore la splendeur de cette localité. Les rues de
Bizerte sont étroites et bordées de maisons misérables. Elle
contient environ 5,000 habitants, la plupart de race maure.
Le nombre d'Européens ne dépasse pas deux cents. Une
douzaine de bateaux italiens y servent à la pêche du corail.
Les communications avec la capitale se font par les caravanes.

MATEUR, situé à 32 kilomètres de Bizerte, est une des villes
les plus riches et les plus importantes de la régence de

Tunis. Elle est à une journée environ de marche de la capitale, à laquelle elle se rattache par une route bien entretenue. Sa population, qui est de 3,500 habitants, se compose principalement de Berbères, dont elle est la capitale conjointement avec Béja. Les rues, avec leurs maisons maures sans fenêtres, sont étroites, sales, anguleuses et bâties en labyrinthe comme à Tunis ; mais elles sont très animées à cause de l'importance du marché, surtout approvisionné en bestiaux, laines et céréales. C'est le rendez-vous des tribus montagnardes et des douars bédouins. Malgré cela, la misère y est grande, par suite des exactions commises par les collecteurs des taxes, et il faudra encore longtemps avant que l'influence française ait réparé ce mal.

De Mateur, on se rend aux ruines d'Utique, qui sont à une demi-journée de marche à l'est. Cette partie de la région est presque entièrement inculte. Sur un parcours de plusieurs lieues, on ne trouve ni arbres, ni maisons et rien que des ruines romaines. On voit encore des piliers et des arches du grand aqueduc qui rivalisait avec celui de Carthage. Les ruines se trouvent dans une immense plaine bornée par le djebel Kechbata et traversée par la Medjerda, qui se jette, à peu de distance de là, dans le Porto-Farina. Cette vallée était jadis couverte par la mer qui arrivait jusqu'aux montagnes et faisait d'Utique un port maritime, où venaient mouiller les galères et les vaisseaux à trois rangs de rames. La ville avait de superbes palais de marbre, et sur la montagne se dressaient le grand amphithéâtre, les temples, les théâtres, les fontaines, les statues. Aujourd'hui, la ville a disparu et l'Arabe, qui l'appelle Bou-Shater, ne connait plus même le nom d'Utique. Il ne reste d'ailleurs de toute cette splendeur passée que les réservoirs de l'aqueduc, complètement remplis de terre. Les indigènes ont emporté l'ancienne Utique pierre à pierre, pour bâtir les maisons de la Tunis moderne.

El-Kef (le rocher) est, après Tunis et Kairouan, la troisième ville de la Régence. Située à 203 kilomètres de Tunis, elle est bâtie sur l'emplacement de l'ancienne ville romaine *Sicca Veneria* et entourée d'une enceinte de murs, prolégée par des bastions, et ayant la forme d'un demi-cercle dont le diamètre est occupé par la casbah. L'intérieur de la ville est laid et malpropre; les rues sont étroites et escarpées, les maisons sont basses. La population est de 6,000 à 7,000 habitants. La ville du Kef est un marché important où les tribus voisines apportent leur orge, leurs olives, qu'elles échangent contre des cotonnades, de la quincaillerie, du café, du sucre, de la poudre; on y fait aussi des burnous très estimés (1).

Kaïrouan est la capitale religieuse de la Tunisie, comme Tunis en est la capitale politique et commerciale. Fondée par le chef arabe Okba au viie siècle de notre ère, elle a gardé aux yeux des musulmans un prestige sacré qu'aucun autre sanctuaire n'ose lui disputer en Afrique. C'est la véritable métropole du culte. Située au centre d'une grande plaine en partie marécageuse, à 50 kilomètres à l'ouest de Sousse et à 140 environ au sud de Tunis, elle s'élève solitaire dans un véritable désert (2). Vue d'ensemble avec ses nombreuses coupoles, ses terrasses, ses minarets, ses murs crénelés, elle présente un aspect féérique (3). Mais une grande tristesse pèse sur elle, une immobilité silencieuse l'enveloppe, sa blancheur aveuglante ressemble à un linceul (4).

La ville est propre et bien bâtie. Elle a des marchés assez bien fournis. Sa population, qui était jadis de 50,000 habitants, est réduite à 13,000 âmes. Ses fortifications, qui remontent au quinzième siècle, sont assez bien conservées. Elle possède de nombreuses mosquées, dont la principale, Djama-el-Kébir, est la plus grandiose. L'entrée de ces mosquées était autrefois interdite aux chrétiens. De là l'espèce de sainte et mystérieuse auréole dont la foi musulmane entourait Kairouan. L'expédition française de 1881 a ouvert toutes grandes les portes inviolables. Une garnison française campe dans les murs de Kairouan et le

(1) M. Bois.
(2) V. Guérin.
(3) Caguat et Saladin.
(4) P. Foncin.

Entrée de Kairouan.

général qui y représente la France accorde aux voyageurs, sous sa protection, le privilège de voir à leur aise ces monuments (1).

Kairouan est le siège de l'instruction musulmane. Elle possède une bibliothèque très estimée, des manuscrits sacrés, et des centaines de copistes y sont toujours activement occupés à faire des corans manuscrits, les seuls que le vrai croyant considère comme orthodoxes. Outre son caractère religieux, Kairouan a une grande importance industrielle et commerciale. On y fabrique de magnifiques tapis, aussi célèbres dans le Maghreb que ceux de la Perse, des bottes en *fillahy*, sorte de maroquin très renommé, de la sellerie, de la pelleterie, des nattes, des parfums, des aiguières, des plateaux, des couvertures de laine, de superbes soieries.

Sousse, capitale du Sahel, est l'Hadrumetum des anciens. C'était autrefois un des plus grands comptoirs carthaginois. Ce fut la base des opérations stratégiques d'Hannibal, et après sa défaite à Zama, c'est là qu'il vint se réfugier (2). C'est dans cette région, d'une salubrité exceptionnelle, que les Romains ne mouraient, dit-on, que de vieillesse.

Vue de la haute mer, Sousse apparaît comme un diminutif d'Alger. Échelonnée du rivage méditerranéen au flanc et jusqu'au faîte d'un coteau, elle produit l'effet d'une vaste carrière de pierres de taille, bornée à l'est et à l'ouest par des massifs de verdure (3). L'intérieur de la ville est très propre. Les rues sont larges. On y voit un palais du bey, une grande mosquée, « édifice important orné de belles colonnes de marbres antiques de styles divers, relevées sur l'emplacement même (4). Par son commerce et son industrie, Sousse est le centre le plus important du Sahel. C'est le grand entrepôt des huiles, dont l'exportation annuelle est estimée à huit millions de francs. C'est aussi

(1) Lanier; L. Journault; Foncin.
(2) Caguat et Saladin.
(3) Des Voisins.
(4) Rebatel et Tirant.

un grand centre de transactions pour les dattes, les olives les laines, les fleurs et les savons. La population est de 8,000 habitants, dont 600 Européens. La ville est bâtie sur une colline entourée d'une muraille crénelée, flanquée de tours et percée de trois portes.

À 62 kilomètres de Sousse, se trouve el-Djem, l'ancienne Thysdrus, célèbre par la magnificence de son amphithéâtre, distribué comme celui du Colisée de Rome et construit en blocs de grès. Cet amphithéâtre est une véritable merveille qui peut être comparée à tout ce que l'Italie possède de plus remarquable. Son effet est d'autant plus saisissant qu'il s'élève seul au milieu d'un vaste désert, dominant au loin l'horizon et écrasant de sa masse les taupinières, faites de pierres arrachées à ses flancs, qui servent d'habitation à la population arabe (1). Les escaliers intérieurs sont en si mauvais état que l'ascension d'une galerie à l'autre est des plus difficiles.

Sfax ou Sfakes (*Thaphura*) est la plus grande et la plus importante des villes du sud de la Régence et le principal port d'exportation des dattes du Djerid et des produits des oasis des chotts. La ville, qui compte environ 10,000 habitants, est bâtie en amphithéâtre au milieu de jardins fort étendus. Elle se divise en deux parties : la ville arabe et la ville européenne. La ville proprement dite, la ville musulmane a la forme d'un rectangle : elle est entourée d'un mur percé de trois portes et possède une casbah, qui occupe la partie sud-ouest de son enceinte. Elle renferme plusieurs mosquées, une synagogue, une chapelle catholique et un couvent de religieuses. Vue de Tunis, elle ressemble à une ancienne ville turque du moyen âge (2).

Sfax fait un grand commerce d'huiles, d'éponges, de laines, d'alfas et, comme nous l'avons dit plus haut, de dattes de Gafsa, de Tozeur et de Nefta. Son port est sûr, mais si peu profond que les navires un peu forts doivent mouiller au large. La marée se fait à Sfax de même qu'à

---

(1) Rouire.
(2) De Hesse Wartegg.

Gabès. La différence entre les hautes et les basses eaux est d'environ 1 m. 50. A l'époque de l'équinoxe, cette différence est beaucoup plus considérable encore (1).

Gabès est située tout au fond de la Petite-Syrte, entre Sfax et l'île de Djerba, et, comme toute la région qui l'environne, semble ne point appartenir à la région de l'Islam, mais à celle du Sahara. Ce n'est pas une ville, mais une oasis au vrai sens du mot, une splendide forêt de palmiers de plusieurs centaines de milliers d'arbres, descendant jusqu'à la côte; bâtie sur les ruines de l'ancienne Tacape, elle atteignit l'apogée de sa gloire au quinzième et au seizième siècles. Maintenant elle n'est plus, comme la plupart des villes tunisiennes, qu'un amas de ruines. Cependant, elle est appelée à prendre un rôle important comme station terminus se rattachant aux oasis tunisiennes et, par Tébessa, à nos provinces algériennes. Sa population très active est de 15,000 habitants.

A quelque distance de Gabès, est Sarsis, le point extrême de la Tunisie au sud-est. Ce n'est qu'une localité insignifiante, entièrement aux mains des Bédouins, qui en rendent l'accès peu sûr; mais sa position et la fertilité de son sol lui permettent d'espérer un avenir meilleur sous le régime français.

VII

INDUSTRIE. — COMMERCE. — ADMINISTRATION.

L'industrie tunisienne était presque nulle avant l'établissement de notre protectorat dans la Régence. Elle se borne encore à la fabrication des tissus de laine du Djerid, des étoffes de laine et de soie de l'île Djerba, des broderies, de Tunis, des nattes, tapis, babouches, bottes, brides, selles et des parfums.

Le commerce tunisien a pris une extension considérable

(1) M. Bois.

depuis les événements de 1881. Il suffit pour s'en convaincre de comparer les mouvements de l'exportation et de l'importation avant et après cette époque. En 1880, les importations de la Tunisie s'élevaient à 20.896.781 piastres; en 1882, elles étaient de 43.906.547 piastres. Le chiffre des exportations en 1880 s'évaluait à 9.411.691 piastres; en 1882, il avait doublé et se représentait par 18.997.338 piastres. Dans ce mouvement, dû principalement à la position géographique de la Tunisie qui est, comme nous l'avons déjà indiqué, l'intermédiaire entre l'Europe méridionale et le centre de l'Afrique, la part de la France et de l'Algérie va croissant. Elle est actuellement de plus de la moitié du total des opérations. En fait, nous entretenons avec notre possession africaine, y compris la Tunisie, des relations commerciales plus actives qu'avec la Russie, la Turquie et l'Autriche.

La marine marchande de la Tunisie est de 300 navires jaugeant de 50 à 100 tonnes. Les voies de communication se développent largement, grâce aux soins de la France. Plus de 400 kilomètres de voies ferrées sont déjà en exploitation. Les principales lignes sont celles de la Goulette à Tunis, de Tunis au Bardo, de la Goulette à Marsa, de Marsa à Tunis, la ligne de la Medjerda, se reliant par Ghardimaou et Soukharras aux chemins algériens, et la ligne de Tunis à Sousse, dont le prolongement doit aller jusqu'à Sfax. Tunis est relié par des lignes télégraphiques françaises avec toutes les villes importantes de la Régence et avec l'Algérie par Soukharras. Le réseau s'étend sur un parcours de plus de 1.000 kilomètres.

La dette extérieure de la Tunisie est de 125 millions, garantis par la France. Le budget des recettes s'élève à 6.832.000 fr., celui des dépenses à 6.300.000 francs.

Le gouvernement de la Régence de Tunis est une monarchie héréditaire appelée beylick. C'est toujours l'aîné de la famille qui succède au bey défunt. L'héritier présomptif se nomme bey du camp. Les ministres sont le *khasnadar* (gardien du trésor), le *saheb-el-zaghaia* (ministre de la guerre), le *saheb-el-djebira* (garde des sceaux), le *bachi-*

kazak (gardien de la robe et interprète). Aujourd'hui, le ministère des affaires étrangères est entre les mains du résident français. La souveraineté sur Tunis est passée d'une manière effective à la France.

La Tunisie était régie, avant l'établissement de notre protectorat, par un pacte fondamental renfermant onze articles et garantissant la sécurité aux sujets et habitants des États tunisiens. Une loi organique, ou code politique et administratif, divisée en cent quatorze articles, réglait la situation des princes hassanides, l'organisation des services publics, des tribunaux, des finances. La nouvelle administration tunisienne, dirigée par la France, a déjà apporté à ces lois des modifications importantes, qui recevront successivement leur complément.

Au point de vue administratif, la Régence est divisée en vingt-deux caïdats ou gouvernorats, dont dix-huit ont une population mixte, c'est-à-dire des habitants fixés au sol et des nomades, et quatre une population sédentaire. Il faut y joindre trente-deux tribus nomades environ, Arabes ou Berbères, disséminées dans le pays, ayant des caïds indépendants et ne relevant que de l'autorité militaire.

Les vingt-deux caïdats sont : Tunis, Sidi-Bou-Saïd, Bizerte, Mateur, Tabarca, Béja, el-Kef, Mohamedia, Hammam-el-Eng, Seliman, Teboursouk, Tastour, Tebourba, Sahel et Sousse, Monastir, Méhédia, Sfax et les îles Kerkenna, Kairouan, Gafsa, Tozeur, el-Aarad (Gabès), el-Djerba.

Le drapeau tunisien est rouge avec croissant et étoile dans un cercle blanc.

L'instruction publique comprend : l'enseignement musulman, l'enseignement français, l'enseignement italien. Le premier est donné à Tunis dans la mosquée de l'Olivier, le second au collège Saint-Louis de Carthage, fondé par Mgr de Lavigerie, cardinal-archevêque d'Alger et Tunis, ainsi que dans les écoles de l'alliance israélite universitaire et dans celles des frères de la doctrine chrétienne et des sœurs de Saint-Joseph. Le résident français a ouvert également des écoles à Bizerte, Monastir, Méhédia, Sfax.

Le ministère de l'instruction publique s'occupe activement de réorganiser l'instruction en Tunisie. L'enseignement italien se donne à l'*École nationale*, fondée par le gouvernement italien et subventionnée par lui. Les Italiens ont aussi des écoles à la Goulette, à Sfax, à Sousse (1).

La justice était, avant 1881, rendue dans la Régence par des tribunaux indigènes et par les consuls étrangers, suivant les Capitulations. Les puissances étrangères ont successivement renoncé aux juridictions consulaires, et une loi votée, en 1883, par le Parlement français, a autorisé le gouvernement à introduire en Tunisie le régime judiciaire en vigueur en France.

Le principal culte professé en Tunisie est l'islamisme; mais tous les cultes sont libres et chacun d'eux est exercé dans son temple respectif. Les catholiques tunisiens relèvent de l'archevêque d'Alger.

L'armée tunisienne se compose de deux corps : les troupes régulières, composées de cinq régiments d'infanterie, d'un d'artillerie et de deux à trois mille hommes de cavalerie; les troupes irrégulières qui comptent dix mille hommes. L'armée française occupe la Régence et y maintient l'ordre (2).

VIII

LE PASSÉ DE LA TUNISIE

La Tunisie a été, dans l'antiquité, le principal siège de la puissance phénicienne; son histoire se confond à cette époque avec celle de Carthage. Après la destruction de cette dernière ville par Scipion-Émilien, en 146 avant notre ère, le territoire occupé aujourd'hui par la Régence fut compris dans la province romaine composée de la Zeugitane et de la Byzacène et bornée par la Numidie. En l'an 46 de notre

(1) P. Foncin.
(2) L. Lanier, *passim*.

ère, ces trois régions, auxquelles on annexa une partie du pays des Gétules, furent réduites en une seule province. En l'an 33, les deux Mauritanies, tingitane et césarienne, furent réunies à la République. L'Afrique septentrionale avait changé de face dans l'espace de deux siècles, et la même influence s'étendant d'Alexandrie à Tanger allait ramener la vie sur ses rivages désolés (1).

Quoique détruites méthodiquement par ordre du sénat, après la troisième guerre punique, Carthage s'était relevée sous César et sous Auguste. Ses ruines n'avaient pas péri, suivant l'expression célèbre, et les habitants des villes voisines l'avaient reconstruite avec ses décombres. Ainsi reconstituée, elle a pris le nom de *Colonia Julia Carthago*. Cette nouvelle Carthage grandit promptement. Elle devint en peu de temps la cité la plus impor-

Femme arabe.

(1) Duruy. *Hist. des Romains*, t. II.

tante de l'Afrique romaine et succéda à Utique comme chef-lieu de la province. Les lettres et le christianisme y firent de rapides progrès; et c'est de ces écoles que sortirent les Apulée, les Tertullien, les Cyprien, les Augustin (1).

Au cinquième siècle, les Vandales, refoulés par les Visigoths et les Suèves, quittèrent l'Espagne et vinrent s'abattre sur le diocèse de Carthage, alors soumis aux empereurs romains d'Orient. Ils s'emparèrent de la ville et en firent la capitale de leur royaume, qui subsista pendant cent ans (439-533). Bélisaire, général de Justinien, défit leur roi Gélimer, les chassa de l'Afrique et occupa la ville, dont il releva les fortifications.

Un empire nouveau, celui des Arabes, se crée alors. Abdullah ravage en 647 la Tripolitaine et la Tunisie; Obka conduit une expédition en Mauritanie et fonde à son retour la ville de Kairouan, qui devient la résidence des gouverneurs envoyés par les califes. En 697, Hassan, gouverneur arabe de l'Égypte, chasse les Byzantins de Carthage et rase la ville. Dès ce moment, elle entre, peut-être à jamais, dans la solitude à laquelle l'avait vouée le second Africain, et elle n'est plus qu'une vaste carrière où l'on vient de toutes parts chercher des matériaux (2). Les Arabes s'établissent à Tunis, qui est plus éloignée de la mer.

La dynastie des Sassanides, puis celle des Aglabites et des Fathimites, celle des Almohades et des Hafsides étendent tour à tour leur empire sur la Tunisie, la Tripolitaine et l'Algérie orientale. C'est pendant la dix-huitième année du règne de Mohammed-Mostanser, petit-fils d'Abdel-Oulaid, chef de la famille des Beni-Hassi, que saint Louis entreprit, en 1270, la croisade qui lui coûta la vie.

L'empire de Tunis était alors très florissant et s'étendait jusqu'au Maroc. Tlemcen et Ceuta avaient été conquis, et les villes algériennes de Bône, Bougie, la Calle, ainsi que Tripoli, reconnaissaient l'autorité du roi de Tunis.

(1) M. Bois.
(2) Tissot.

En 1390, sous la dynastie des Méinides, les Génois

Soldats tunisiens.

réclament l'appui de la France contre les Tunisiens, redoutables par leurs pirateries. Le roi Charles VI envoie contre Tunis une flotte commandée par son oncle Louis II, duc de Bourbon. Cette expédition échoua.

Au seizième siècle, à la domination arabe se substitua la domination turque. Le corsaire Khaïr-Eddin-Barberousse enlève Tunis à Muley Hassan. Celui-ci dépossédé s'adresse à Charles-Quint qui, après un siège de cinq semaines, s'empare de la Goulette et entre dans Tunis. Muley-Hassan remonte sur le trône, mais il est renversé presque aussitôt par son fils qui lui fait crever les yeux et l'envoie en Sicile, où il va finir misérablement ses jours.

En 1574, les Turcs renversent définitivement la dynastie hafside et la Porte envoie a Tunis un pacha-bey, qui reconnaît sa suzeraineté et gouverne de concert avec le dey, devenu vassal du sultan. Mais le Divan, ou conseil du vice-roi, composé des principaux officiers de la milice des janissaires, possède en réalité toute l'autorité. Aussi la nouvelle organisation ne dure-t-elle que deux ans. De même qu'à Alger, la milice brutale s'empare du pouvoir, les janissaires massacrent les membres du Divan, en élèvent d'autres, et confèrent le pouvoir à un dey, fonctionnaire révocable à leur volonté.

En 1650, Ali-Bey rend le pouvoir beylical héréditaire dans sa famille et laisse après un règne paisible la succession à son frère Mohammed, avec lequel le maréchal d'Estrées conclut, en 1685, au nom de la France, les *Capitulations*, qui régirent pendant trois siècles les droits et les privilèges de nos nationaux établis en Tunisie.

Mohammed a pour successeur son frère Ramadan. A partir de cette époque, et pendant la plus grande partie du dix-huitième siècle, commence et se poursuit une période de massacres, d'assassinats, d'intrigues et de luttes. Les beys sont tour à tour déposés, expulsés, décapités. Des guerres continuelles éclatent entre Tunis et Alger.

En 1705, Hassan-ben-Aly, secondé par l'armée, s'empare du pouvoir et fonde la dynastie des Hasséuides, qui règne encore aujourd'hui à Tunis. En 1770, sous Louis XV, la flotte française, à la suite d'actes de piraterie, bombarde Porto-Farina, Bizerte, Sousse, Monastir. Hamouda-Bey essaie de mettre à profit les guerres de la Révolution pour rompre le traité qui liait la Régence à la France. Mais notre marine met promptement fin à cette tentative d'hostilité. En 1797, le Directoire reçoit une ambassade tunisienne chargée de présents, et en 1800 Hamouda-Bey conclut avec la République française un nouveau traité.

Onze ans après, ce prince s'émancipe de la souveraineté ottomane. Il meurt en 1814, après un règne de trente-deux ans. Son frère Othman lui succède et est assassiné trois mois après. Le pouvoir passe alors aux mains de Mahmoud, prince de la branche ainée des Hassénides. En 1816, Mahmoud supprime la piraterie et abolit l'esclavage des chrétiens. En 1842, Ahmed, marchant sur les traces de ses prédécesseurs, décrète la mise en liberté de tout enfant né de parents esclaves, abolit ensuite entièrement l'esclavage, émancipe les Juifs, et, pour cimenter son alliance avec la France, il fait, en 1846, un voyage à Paris. Grâce à l'énergique concours du gouvernement de Louis-Philippe, il introduit en Tunisie de considérables réformes en vue de la civilisation et du progrès. Il meurt en 1855, regretté de tous ses sujets et a pour successeur son cousin Mohammed-ben-Hussein qui règne quatre ans, met à la disposition du sultan, dans la guerre de Crimée, des secours importants contre les Russes, promulgue la constitution et publie la loi organique.

Son frère, Mohammed-el-Sadok, monte sur le trône en 1859. Prince instruit et intelligent, il promulgue une constitution qui n'est mise en pratique que pendant deux ans. La Tunisie semblait paisible, lorsqu'en 1864, le pays fut agité par une insurrection, assez grave pour nécessiter l'intervention des escadres française, anglaise et turque. Le bey triomphe des meneurs du désordre avec l'aide du kasnadar Mustapha et continue l'œuvre de ses prédécesseurs. Il encourage les arts et l'industrie, protège l'agriculture et coopère à notre exposition universelle de 1867 par l'envoi des principales productions de la Régence (1).

Mohammed-el-Sadok meurt en 1882. Son frère Sidi-Ali-Bey lui succède et est reconnu par la France. Agé de soixante-cinq ans, Ali-Bey est le treizième souverain de la dynastie des Hassenides, dont voici la succession complète :

Hassan, 1706,
Ali-Pacha, 1735,
Mohammed, 1756,
Ali-Bey, 1759,

(1) M. Bois et Lanier, *passim*.

Hamoudah, 1782,
Othman, 1814,
Mahmoud, 1814.
Hussein, 1824,
Mustapha, 1835,

Ahmed, 1837,
Mohammed, 1855,
Mohammed-es-Sadok, 1857,
Sidi-Ali, 1882.

IX

L'EXPÉDITION FRANÇAISE ET LE PROTECTORAT.

De même qu'à la fin du siècle dernier, Hamouda-Pacha avait essayé de mettre à profit nos embarras extérieurs pour déchirer le pacte qui le liait à la France et se tourner contre elle; de même, à la suite de nos désordres de 1870, Mohammed-es-Sadok, conseillé par le général Kereddin, voulut se soustraire à notre influence et ramener la Tunisie sous la suzeraineté de la Porte. Le firman du 23 octobre 1870 consacra cette politique et réduisit le pachalik de Tunis au rôle de vassal. Le bey ne pouvait, sans l'intervention du sultan, ni faire la guerre, ni conclure la paix, ni consentir à aucune cession de territoire, et en cas de guerre il devait mettre des troupes à la disposition de la Porte.

La France ne voulut pas reconnaitre ce firman. Le bey lui-même, comprenant bientôt qu'il faisait fausse route, destitua Kereddin et rompit avec la Turquie. Dès ce moment la Tunisie fut le théâtre des rivalités d'influence des trois grandes puissances maritimes de l'Europe. En 1873, le bey signe avec l'Angleterre un traité resté sans effet par lequel il plaçait la Tunisie sous le protectorat anglais, autorisait le gouvernement britannique à créer à Tunis une banque d'Etat et à construire un chemin de fer de la Goulette à la frontière d'Algérie. Ces intrigues furent déjouées par la France. Mais celle-ci rencontrait en même temps une rivale plus cauteleuse encore dans l'Italie, dont le consul Maccio secondait les projets avec une activité des plus remuantes.

La France, dont l'action était depuis longtemps très puissante dans la Régence, ne pouvait voir ces tendances sans ombrage. Trois incidents la déterminèrent à intervenir. Ce furent les affaires du chemin de fer Bône-Guelma, de l'Enfida, et les actes de banditisme des Khroumirs

L'affaire de Bône-Guelma affectait directement nos intérêts. La Compagnie Bône-Guelma avait obtenu la concession de la voie ferrée de Tunis à Sousse. La Compagnie italienne Rubattino, sous l'instigation du consul Maccio, contesta la validité des titres de la Compagnie française, bien qu'un traité signé entre le bey et Napoléon III en 1865 eût déjà accordé à la France l'exploitation des réseaux télégraphiques de la Tunisie. Les Italiens ne se bornèrent pas à protester, ils s'opposèrent de fait à la construction d'une gare à Radès par la compagnie Bône-Guelma, quoiqu'aucun article de la concession n'autorisât cette opposition. Le bey n'empêcha point cette violation des droits de nos nationaux (1).

L'affaire de l'Enfida eut plus de retentissement. L'Enfida est un domaine de 150,000 hectares environ, qui commence un peu avant Bou-Ficha, et s'étend à l'est jusqu'à la mer, à l'ouest jusqu'à la chaîne des montagnes qui limitent la plaine, comprenant un territoire des plus fertiles. Le bey en avait fait don à son premier ministre, Kereddin. Quand celui-ci fut disgracié et se retira à Constantinople, il voulut par prudence réaliser sa fortune immobilière et vendit ses biens en bloc à la Société Marseillaise. Les ministres tunisiens virent de mauvais œil une partie importante du territoire passer entre des mains européennes. L'Angleterre et l'Italie y sentirent une menace pour leur influence. On eut recours à des subtilités de droit musulman pour essayer de faire de l'Enfida une question de conflit international. Un israélite, Joseph Lévy, sujet anglais, éleva des prétentions sur le domaine en s'appuyant sur un droit de préemption (Cheffâa), disposition légale qui donne à un propriétaire le privilège de priorité pour acquérir la terre qui aborne la sienne (2). Les caïds tunisiens prirent fait et cause pour Lévy et envoyèrent des lettres mena-

(1) A. de la Berge.
(2) Cagnat et Saladin.

Aniers à Tunis.

çantes aux caïds algériens. L'effervescence allait croissant dans les tribus.

Depuis de très longues années notre frontière algérienne était perpétuellement inquiétée, nos tribus limitrophes de la Tunisie ne pouvaient jouir d'un seul instant de repos. Violation de territoire par les troupes tunisiennes, par des populations insoumises, incendies des forêts ou contrebande de guerre, refuge donné à des malfaiteurs, razzias, pillage de navires, vols de toute espèce, meurtres, assassinats, tous ces délits et tous ces crimes se multipliaient d'une façon intolérable. Le gouvernement du bey était absolument impuissant à empêcher ce mal invétéré, même quand il le voulait, ce qui n'arrivait pas toujours, et les réparations, quand nous en obtenions, étaient loin de toute proportion avec les dommages, sans parler des atteintes constamment infligées à notre légitime prestige par l'impunité des coupables qui, parfois même, profitaient de la connivence des autorités locales (1).

Parmi les tribus pillardes les plus hardies étaient celle des Ouchteta et surtout celle des Khroumirs. Ces derniers poussèrent l'audace jusqu'à venir faire une razzia dans le douar des Aouaoucha algériens, sous prétexte de venger un des leurs tué en flagrant délit de vol. Cette attaque inopinée, qui eut lieu le 15 et le 16 février 1881, décida la France hésitante. Le gouvernement de la République, après avoir épuisé toutes les voies de la conciliation, résolut de châtier le brigandage des tribus tunisiennes. Nos armées intervenaient comme alliées et auxiliaires du bey et non comme ennemies. On poussa le scrupule jusqu'à inviter le bey à coopérer à la répression; Mohammed-es-Sadok refusa et se réclama de la suzeraineté de la Porte. Il protesta contre l'entrée des troupes françaises sur son territoire, adressa un appel aux puissances de l'Europe et déclara ne pas répondre des désordres qui pourraient se produire.

La France n'éprouvait aucun besoin de reculer ses

(1) Circulaire officielle du ministre des affaires étrangères (B. St-Hilaire), 16 juin 1881.

frontières en Afrique; mais si elle n'eût pas relevé le gant qu'on lui jetait, c'en était fait de son prestige et de sa sécurité en Algérie (1).

Le consul général de France, M. Roustan, prit alors une attitude énergique; il déclara que le gouvernement français n'hésiterait pas à rendre le bey et ses ministres responsables de tout attentat du fanatisme musulman.

Le commandement en chef de l'expédition française fut confié au général de division Forgemol de Bostquénard, ayant sous ses ordres les divisions Delebecque et Logerot. La première pénétra le 26 avril dans le pays khroumir, occupa le 8 mai le marabout de Si-Abdallah-ben-Djamel et reçut le 29 mai la soumission des dernières tribus rebelles. La seconde quitta Soukarras le 21 avril, occupa le Kef le 16, livra quelques engagements et prit possession de Béja. Un corps de troupes, protégé par la flotte, avait débarqué dans l'île de Tabarca; un autre, sous le général Bréart, occupa Bizerte. Le bey n'en continua pas moins à protester et à faire de nouveaux appels aux puissances étrangères. Nos troupes se portèrent alors sur Tunis, où le général Bréart entra le 12 mai. Le même jour, Mohammed-es-Sadok dut signer le traité de Kasr-el-saïd, qui plaçait la Tunisie sous le protectorat de la France.

Le corps expéditionnaire fut dissous le 14, et les troupes d'Afrique regagnèrent leur garnison. Mais à peine avaient-elles quitté la Régence, qu'une grande effervescence éclata parmi les populations de la ville sainte de Kairouan, fanatisée par les ulémas qui prêchaient la guerre sainte. Au mois d'août, des incendies furent allumés par la malveillance dans tous les massifs forestiers. Des bandes de révoltés circulèrent. L'inquiétude s'empara des colons.

Une nouvelle expédition fut reconnue urgente. Le général Saussier en prit le commandement et marcha sur Kairouan, avec deux colonnes parties de Tunis et de Sousse. Une troisième colonne, partie de Tébessa, soutint leur attaque et livra des combats à Enchir-Roubaria et à Koudiat-

---

(1) V. Cherbuliez (G. Valbert). Rev. des deux mondes, août 1881.

el-Halfa: Lorsqu'elle arriva, le 28 octobre, Kairouan, la ville sainte, était déjà au pouvoir des Français. Le mois de novembre fut employé à des expéditions sur les oasis. Le 14 décembre, la colonne rentra à Tébessa, où elle fut dissoute. Kairouan et les principaux centres tunisiens furent occupés par nos garnisons.

Les puissances de l'Europe acceptèrent le fait accompli.

L'Italie elle-même dut renoncer à son opposition systématique. Le consul Maccio, qui en toute occasion s'était montré l'ennemi déclaré de l'influence française à Tunis, fut rappelé, et, à la suite du traité du Bardo, le ministère italien, présidé alors par M. Cairoli, tomba.

Le 18 février 1882, M. Cambon succéda à M. Roustan, et un décret du 23 juin 1885 régla les pouvoirs et les attributions du représentant français en Tunisie (1).

Le traité du 12 mai ne conclut ni à une annexion ni à une conquête. Calqué sur les nombreux traités passés par l'Angleterre avec les souverains indépendants de l'Inde, il se contente d'assurer d'une manière permanente et par les moyens les plus légitimes, d'une part, la sécurité de nos frontières algériennes et, de l'autre, notre juste influence sur notre plus proche voisin.

Jamais et nulle part, en effet, la nature ne paraît avoir réuni plus intimement deux contrées, l'Algérie et la Tunisie, que le caprice de l'homme a séparées. Le temps ne peut manquer de faire justice de cette anomalie, et la Tunisie, qui sous tous les rapports n'est guère que la continuation et même le complément nécessaire de l'Algérie, doit être un jour rattachée à cette dernière, en réparant ainsi les profondes blessures que lui a infligées cette séparation contre nature. C'est une question d'humanité ; mais c'est aussi une question d'intérêt français et d'intérêt tunisien. Lorsque la Tunisie connaîtra les bienfaits d'une administration honnête, éclairée, sérieusement active, sa

(1) L. Lanier et M. Bois, *passim*. L'expédition française a été racontée et expliquée dans ses origines et ses opérations avec une lucidité remarquable dans l'excellent ouvrage de M. le capitaine Maurice Bois, que nous avons choisi de préférence pour guide.

prospérité augmentera rapidement. Déjà, comme nous l'avons indiqué, le mouvement ascendant de son commerce le démontre. Avec l'aisance, avec l'extension et la multiplication des voies de communication viendra la transformation des idées et des mœurs. Les sources de la richesse publique et de la prospérité se trouveront alimentées par notre concours et, grâce à la France, dont l'œuvre s'achèvera même plus facilement qu'en Algérie, la Tunisie, naguère encore misérable et ruinée, redeviendra le grenier d'abondance qui approvisionnait jadis la capitale des Césars.

BIBLIOGRAPHIE

Brulé. — *Fouilles à Carthage* (1860).
Maurice Bois. — *Expédition française en Tunisie* (1886).
G. Charmes. — *La Tunisie* (1885).
De Hesse Wartegg. — *Tunis; The land and the people* (1883)
Duveyrier. — *La Tunisie* (1881).
V. Guérin. — *Voyage archéologique en Tunisie* (1862).
A. de la Berge. — *La Tunisie* (1881).
L. Michel. — *Tunis* (1867).
Des Godins de Souhesmes. — *Tunis* (1875).
Maltzan. — *Reise in den Regentschaften von Tunis and Tripoli* (1870).
Ritter. — *Dictionnaire de géographie*.
E. Reclus. — *Géographie universelle*, et *La terre et les mers*.
P. de Tchihatchef. — *Espagne, Algérie, Tunisie* (1880).
L. Lanier. — *L'Afrique* (1885).
P. Foncin.—*L'enseignement en Tunisie, et de Sousse à Kairouan*. (Bulletin de la Société de géographie et Revue politique et littéraire.)
L. Journault. — *Le protectorat tunisien* (Revue Bleue).
E. Reclus. — *Un voyage en Tunisie* (Revue des Deux-Mondes).
E. Renan. *La Société Berbère* (Revue des Deux-Mondes).
J. Reinach. — *Le traité du Bardo* (Revue Bleue).
S. Reinach et Babelon. *Mission archéologique en Tunisie*. (Exploration.)
P. Leroy-Beaulieu. — *La Tunisie* (Gazette géographique).
Ch. Tissot. — *La Tunisie* (Revue Africaine).
Rebatel et Tirant. — *Voyage dans la Régence de Tunis* (Tour du Monde).
Roudaire. — *Une mer intérieure* (Revue des Deux-Mondes), *Rapport au ministre de l'instruction publique*.
Rouire. — *Le littoral tunisien* (Revue de géographie).
Des Voisins. — *Une Française chez les Khroumirs* (Revue politique et littéraire).
Encyclopédie britannique; Méyer et Brockhaus, *Conversations lexicon*.

TABLE DES MATIÈRES

Préface		5
I.	— La Tunisie, situation, limites, littoral	7
II.	— Le relief et les eaux	17
III.	— Les chotts et la mer intérieure	25
IV.	— Climat et productions	30
V.	— La population	34
VI.	— Tunis et les villes importantes	43
VII.	— Industrie, commerce, administration	55
VIII	— Le passé de la Tunisie	58
IX.	— L'expédition française et le protectorat	64

Poitiers. — Typ. Oudin.

www.ingramcontent.com/pod-product-compliance
Lightning Source LLC
LaVergne TN
LVHW021002090426
835512LV00009B/2023